REPRESENTATIVE FRENCH POETRY

Representative
French Poetry

Edited by

VICTOR E. GRAHAM

———

University of Toronto Press

Poems by Guillaume Apollinaire, Paul Valéry,
and Paul Claudel are reprinted by permission of
the Librairie Gallimard, Paris. The poem by
Henri de Régnier is reprinted by permission of
the Mercure de France.

Contents

Introduction to French Prosody

FRENCH VERSIFICATION is based on principles which may seem quite unlike those which operate in English. Basically, both are directly related to the nature of the stress-accents which affect individual words in the two languages but the differences are not really as great as they might at first appear.

In English, words of more than one syllable have an invariable pattern of weak and strong emphasis which is instinctive to us but difficult for someone French to learn. In two-syllable words, the first syllable may be strong and the second weak (in'fant), or vice versa (re-sult'). In three-syllable words, the pattern is more complicated: li'bra-ry, im-pos'tor, in"ter-fere'. In the last example, there is one main strong accent, a weak accent, and a secondary or intermediate accent which counterbalances the principal strong accent. This variation in stress is characteristic of all words of four syllables or more: in"de-pen'dent, im-pos'si-ble, in"ter-de-nom"i-na'tion-al, and so on.

English verse combines strong and weak accents in a variety of ways. It is classified according to the type of poetic foot, or unit, employed: iambic (short, long; or weak, strong, ˘ ‾ / ˘ ‾), trochaic (long, short; or strong, weak, ‾ ˘ / ‾ ˘) and other more complicated forms (dactylic, ‾ ˘ ˘, anapestic, ˘ ˘ ‾, and so forth). The poet's main problem in English is to fit the invariable word patterns of the language into the metre he has chosen without unduly distorting them and with just enough variety to avoid monotony.

Ŏf man's / fĭrst dīs- / ŏ-bē-/dĭ̄ence, and / thĕ frūit /

Ŏf that / fŏr-bīd-/dĕn tree /...

Notice how unimportant words like *of*, *the*, occur at the weak beats (*and* is an exception) while the longer words *dis"o-be'di-ence* and *for-bid'den* necessarily synchronize their natural rhythm with the iambic metre chosen by Milton for *Paradise Lost*. (The poet takes the liberty of running the last two syllables of *disobedience* into one.) No one, of course, would ever want to read poetry in the jerky way necessary to show by exaggeration the system of versification employed. In point of fact, considerable variation is possible in reading any lines. In those just quoted, for example, one may slip over *man's* and emphasize *first* or one may stress these words more or less equally. *And* would certainly not be emphasized, whereas *that* might be stressed or not. Whatever interpretation one cares to give, the ebb and flow of the rhythm are there under the surface controlling the form in which the ideas are expressed.

Much the same thing happens in French, even though individual words do not have a fixed pattern of weak and strong accents. If a word is pronounced in isolation, it has a tonic stress on the last syllable: *un en-fant', la li-brai-rie', une a-mé-lio-ra-tion'*, and so on. If it is used in a sentence, however, there is no tonic stress unless the word comes at the end of a sense group, i.e., at the end of the sentence or the end of a phrase. This creates problems for English-speaking people learning French. *Dans la librairie', l'enfant a vu le livre qu'il désirait'.* Stress accents are obligatory on the last syllables of *librairie* and *désirait*. One might also stress *livre*, but in more complicated sentences there is a great variation in the possible positions where stress accents may be placed, depending on speed of articulation and the emphasis desired. It is, however, obviously impossible in French to do the five stress variations permissible in English in such a sentence as: Yesterday, we drove together to Toronto (YESTERDAY, we drove..., Yesterday, WE drove..., etc.). This is why in French one must say *C'est hier' que nous...*, *C'est nous' qui...* etc. French has its special emphatic stress (*accent d'insistance*), but it operates in a quite different way, e.g.: Il faisait *terriblement chaud'.

Only with words of one syllable can we get an approximation in English of what happens as a general rule in French. If you consider the sentences *I saw the boy'* and *The boy is here'* (emphasized, as indicated, in the normal way), you will notice that as a result of its position, the word *boy* is stressed in the first case but not in the second. This is what regularly happens in French no matter how long individual words are.

Where English verse is based on poetic feet, French relies on a count of the syllables in a line of verse and the stress accents result from the position the individual word occupies.

> Souvent / sur la montagne // à l'ombre / du vieux chêne //
>   2   4   3   3
>
> Au coucher / du soleil // tristement / je m'assieds //
>   3   3   3   3

The break which normally occurs in the middle of a line of standard classical verse is called the caesura (*la césure*) and each half-line is called a hemistich (*un hémistiche*). The hemistich can usually be subdivided into two parts, and it is often possible to pick out among these the equivalent of English poetic feet (e.g., *souvent* might be called an iambus), but the pattern is hardly ever regular and each line usually combines numerous rhythmic effects. It is in part the subtle variation in pattern in these units which gives to French verse its particular beauty.

When one is reading the lines just quoted, it is possible to vary the stress to a certain extent, as with English verse.

> Souvent' sur la montagne', à l'ombre du vieux chêne',
> Au coucher du soleil', tristement', je m'assieds'.

The word *tristement* might well have an *accent d'insistence* on its first syllable, and a similar liberty might be taken with *coucher* (to distinguish it from *lever*).

In English poetry, the commonest verse form is the iambic pentameter, which we find in the blank verse of Milton and Shakespeare, the rhymed couplets of Chaucer, Dryden, and Pope. In French, it is the twelve-syllable line which is called the Alexandrine because an early mediaeval poem on the life of Alexander the Great (*Le Roman d'Alexandre*) was one of the first compositions written in this form. Most of the great French poets have used Alexandrines (Ronsard, Racine, Lamartine, Hugo, and a host of others). Various reasons have been offered to explain the success of this verse form: physiologically, twelve syllables are about all one can comfortably utter in one breath; psychologically, twelve syllables are the maximum one can combine into an easily apprehended idea-unit; mathematically, twelve syllables can be divided into more common combinations than any other unit.

There are, of course, other frequently employed lines, many of which can be seen in Hugo's poem *Les Djinns* (p. 47). It should be noted that in French the term *vers libres* is used to refer to poems like those of La Fontaine where lines of different lengths are employed in the same composition. It should also be noted that in counting syllables, the final unstressed syllable of lines ending with the feminine *e* is *not* counted. More about this presently.

In the seventeenth century, which is often called the golden age of French literature, each line of Alexandrine verse ideally was supposed to be able to stand alone. Sometimes, for the sense, one line ran on into another, but this overflowing (*enjambement*, as it is called) was regarded with disfavour and kept to a minimum. Not until the nineteenth century was this device used freely to achieve a more natural effect. Coupled with this innovation we find at the same time the breaking down of the binary or symmetrical arrangement of lines of verse into two halves. Ternary Alexandrines, which can occasionally be found in seventeenth-century poetry, became more common so that the fundamental character of the Alexandrine verse form changed considerably.

In poetry, both in English and French, constructions are much freer than in prose. Inversions are common and may result in rather involved syntax. One has to be particularly careful about the relative, in, for instance:

> Ney, que suivait naguère une armée, à présent
> S'évadait disputant sa montre à trois cosaques.

In both languages there is also a special vocabulary often employing words that are long since archaic as far as prose is concerned.

In English, words are pronounced in poetry as they are in prose with very few exceptions (e.g. wind). In French, the situation is a little more complicated because of the variable treatment of the so-called feminine *e* [ə]. In standard Parisian French, this *e* is not pronounced at the end of words, e.g., *il parle, un livre*, etc., except, for example, when the word is followed by another word beginning with special combinations of consonants, e.g., *je ne demande rien*. Here the final *e* of *demande* must be pronounced. In general, the "feminine" *e* is very often a silent *e*, and this creates considerable difficulty in poetry.

In conversation, where the "feminine" *e* occurs in the middle of words or in a sequence of two or more monosyllabic words, it is sometimes suppressed, sometimes not, e.g., madɇmoisellɇ, jɇ nɇ sais pas, je vois lɇ train, lɇ train est ici, parcɇ quɇ jɇ nɇ lɇ dɇmandɇ pas, etc. Usage here is variable, and the study of this curious phenomenon is one of the main preoccupations of phonetics.

In poetry, however, all feminine *e*'s, strictly speaking, should be pronounced except where they are immediately followed by a word beginning with a vowel or a mute *h*. In French songs (except for folk-songs or popular songs) this practice is always obeyed, e.g., Salut! demeurɇ, chastɇ et purɇ. As a result, it sometimes is rather difficult for English natives to comprehend the words of French songs the first time they hear them sung.

The requirement that feminine *e*'s be pronounced in poetry is strongly influenced by the practice in ordinary conversation. Sometimes, in fact, these *e*'s are not sounded in poetry by French readers or actors, but where this is the case an equivalent pause or lengthening of adjacent sounds should be observed in order to maintain the proper number of pulses in the line. Again, this is a subtle question which experts in phonetics are studying. The beginner would do well to observe the practice of native speakers and to listen closely to recordings by actors of the Comédie Française.

Another important feature which distinguishes everyday French from poetry is the use of liaison. Here again, there is considerable flexibility in conversation with many compulsory liaisons (ces‿amis, il est‿arrivé, je les‿ai vus, etc.), some forbidden ones (mais/oui, lui et/elle, etc.) and a great many optional ones. In poetry, the rule is that all so-called optional liaisons should be made except at the end of a sense group. This affects all the ordinary instances of liaison, but in classical verse it also affects in particular the *r* of the infinitive, which is regularly pronounced by actors on the stage if the word following it begins with a vowel, e.g., Comme des avirons traîner‿à côté d'eux.

All these factors complicate the syllable count in French verse, and it is further involved by the traditional rhyme scheme. It should be noted that blank verse (*vers blancs*), which is the special glory of English literature, is almost non-existent in French before the twentieth century.

Lines of French verse may rhyme in pairs (*rimes plates*):

> Les nuages couraient sur la lune enflammée
> Comme sur l'incendie on voit fuir la fumée.

They may also alternate (*rimes croisées*):

> C'est le moment crépusculaire.
> J'admire, assis sous un portail,
> Ce reste de jour dont s'éclaire
> La dernière heure du travail.

or one pair of rhymes may frame another (*rimes embrassées*):

> Eros m'a frappé d'une tige molle
> D'œillets odorants récemment cueillis.
> Il fuit à travers les sombres taillis,
> A travers les prés il m'entraîne et vole.

There are, of course, more elaborate stanza structures just as there are in English, but in all cases in French it is necessary for the poet to alternate one pair of masculine rhymes with one pair of feminine rhymes. Feminine rhymes occur in any word ending with the feminine *e* sound [ə]: -e, -es, -ent, -aient, -ée, etc., whereas all other words are said to have masculine endings. One can easily see the severe limitations this rule imposes on the poet.

In French, all the rules about rhyming are, on the whole, more demanding than in English. Ideally, in a pair of rhyming words, at least two syllables (or one syllable plus the preceding consonant) should rhyme (*rimes riches*). Some purists have maintained that the rhyme, in order to be perfect, should *look* the same as well as *sound* the same, but this rule is not followed strictly. If only one syllable is identical in a pair of rhyming words, the rhyme is said to be just adequate (*rime suffisante*), and, if the sounds are not exactly the same (e.g., a long vowel rhymed with a short one, etc.), then the rhyme is a poor one (*rime pauvre*). One does not expect to find any of the latter in the best poetry before the twentieth century and one expects the percentage of *rimes riches* to be fairly high.

We have not considered intonation or pitch variation as it affects rhyme and the rise and fall of the voice in different types of poetry. This is a very important question but it is an aspect of poetry which can be studied best after the student has had considerable practice listening to other readers and trying out recitation himself. Poetry can be read for content but it does not really come to life until it is spoken. The best way to become familiar with the rules and the countless variations on them is to read poems out loud, concentrating first on content and then on technique in order to be able to appreciate fully the fusion of the two which we find in works of genius.

What the poets themselves have to say about their art is significant. Some of them have expressed their ideas in verse, and in this connection, the student should study carefully poems such as Gautier's *L'Art* (p. 73) and Verlaine's *Art poétique* (p. 93), etc. How to define and classify different types of poetry or "pure" poetry are questions the theorists have always argued about. In this collection, we have not attempted to outline the characteristic features of poetry in different periods. We have tried to choose poets who may be described as typical of the best in their age. For most of them, we have included some well-known selections and some less well-known. We have also tried to choose in a good many cases poems on similar themes. This will help students to compare the styles of different centuries and different poets.

French poetry ought not to be any less accessible to English-speaking students than French prose. Ideas can be, fairly easily translated from one language into another although poetry may seem more difficult at first because of the necessity to examine form and technique. Once the basic principles are understood, there is great satisfaction in reading and learning French poetry and a pleasure which comes from knowing that the works in question can really only be fully appreciated by the person who has mastered them in the original. Great poetry says much more than the sum total of the words in their arrangement on the page. It stands up to the closest scrutiny and holds unlimited treasures for the discerning reader.

One final word. Do not fail to memorize as many poems as you can. Then they will really belong to you.

REPRESENTATIVE FRENCH POETRY

Marie de France

Little is known about Marie de France except that she lived in England where she composed, among other things, some *Lais* (1167–1184) and a collection of fables adapted from Latin sources. She was of noble birth and the French she uses is the standard literary French of the time.

DEL LU E DE L'AIGNEL

Ci dit del lu e de l'aignel,
Ki beveient a un duitel.
Li lus en la surse beveit
E li aignels aval esteit;   4
Irïement parla li lus,
Que mut esteit cuntrarïus,
Par maltalent parla a lui :
« Tu me fes, dist il, grant ennui. »   8
Li aignel[ez] ad respundu :
« Sire, de quei ? » « Dun ne veiz tu ?
Tu m'as cest' ewe si trublee,
N'en puis beivre ma saülee;   12
Arere m'en irai, ceo crei,
Cum jeo vienc ça, murant de sei. »
Li aignelez dunc li respunt :
« Sire, ja bevez vus amunt,   16
De vus me vient ceo que ai beü. »
« Quei ! fet li lus, maudiz me tu ? »
Cil li ad dit : « N'en ai voleir. »
Li lus respunt : « J'en sai le veir.   20
Cest me[ïs]mes me fist tun pere
A ceste surse, u od lui ere,
Ore ad sis meis, si cum jeo crei. »
« Que retez vus (ceo), fet il, a mei ?   24
Ne fu[i] (pas) nez dunc, si cum jeo quit. »
« E ke pur ceo ? li lus ad dit,
Ja me fez tu ore cuntrere
E chose que tu ne deis fere. »   28
Dunc prist li lus l'aignel petit,
As denz l'estrangle, si l'ocit.

Issi funt li riche seignur,
Li vescunte e li jugeür,   32
De ceus qu'il unt en lur justise;
Faus' acheisun(s) par coveitise
Treovent asez pur eus confundre :
Suvent les funt a pleit somundre,   36
La char lur tolent e la pel,
Si cum li lus fist a l'aignel.

(1) lu—loup; aignel—agneau   (2) beveient—buvaient; duitel—brook   (3) surse—source   (4) aval—downstream; esteit—était   (5) Irïement—angrily   (6) Que—Qui; mut—exceedingly; cuntrarïus—quarrelsome   (7) Par maltalent—Spitefully   (10) de quei—in what way; Dun—Donc   (11) ewe—eau   (12) saülee—fill   (13) Arere—Arrière   (14) vienc—vins; murant—mourant; sei—soif   (16) amunt—upstream   (19) voleir—vouloir   (20) le veir—la vérité   (21) Cest me[ïs]mes—Cette même chose   (22) od—avec; ere—étais   (23) Ore ad sis meis—Il y a six mois   (24) "Why do you accuse me of this?"   (25) jeo quit—je pense   (26) "What does that matter?"   (27) fez—fais; cuntrere—hostile act   (30) l'ocit—killed him   (31) Issi—Ainsi   (32) li jugeür—les juges   (34) Faus acheisun(s)—False accusations; coveitise—envy   (36) a pleit somundre—bring to court   (37) La char—La chair; tolent—remove; la pel—la peau

Eustache Deschamps

EUSTACHE DESCHAMPS (1346(?)–1406) was the leading French poet of his day. He was a Champenois by birth but spent most of his life in the service of Charles V and Charles VI under whom he held a number of important posts. He was a prolific and versatile poet, most often rather prosaic but sometimes eloquent with a strongly didactic and moralizing tendency.

BALADE

Renart jadis, que grant faim destraignoit,
Pour proie avoir chaçoit par le boscage,
Tant qu'en tracent dessur un arbre voit
Un grant corbaut qui tenoit un frommage.   4

Lors dist Renars par doulz humble langaige :
« Beaus Thiesselin, c'est chose clere et voire
Que mieulx chantes qu'oisel du bois ramage. »
On se deçoit par legierement croire.   8

Car li corbauls le barat n'apperçoit,
Mais voult chanter; po fist de vassellage,
Tant qu'en chantant sa proye jus cheoit;
Renart la prist et mist a son usaige.   12
Lors apperçut le corbaut son dommaige
Sanz recouvrer perdit par vaine gloire;
A ce mirer se doivent foul et saige :
On se deçoit par legierement croire.   16

Pluseurs gens sont en ce monde orendroit
Qui parlent bel pour querir adventaige;
Mais cil est foulz qui son fait ne congnoit
Et qui ne faint a telz gens son couraige;   20
Gay contre gay doivent estre en usaige;
Souviengne vous de la corneille noire
De qui Renars conquist le pasturage :
On se deçoit par legierement croire.   24

(1) destraignoit—was tormenting (2) le boscage—le bois (3) en tracent—while following a trail (6) Thiesselin is the name given to the crow in the mediaeval *Roman de Renart*; clere et voire—claire et vraie (7) ramage—dense (9) le barat—the ruse (10) po—peu; vassellage—valour, prowess (11) jus cheoit—fell down (13) dommaige—loss (15) A ce mirer—To look at themselves (17) orendroit—right now (19) fait—affair (20) faint —hide; couraige—state of mind, intention (21) "One must meet cunning with cunning" (23) pasturage—food

François Villon

FRANÇOIS VILLON is France's first great poet. Born in 1431, he is known to have studied at the University of Paris between 1449 and 1452. Villon disappeared from view in 1463 but in the record of his brief career there are many accounts of encounters with university authorities and the police. It was during an imprisonment in 1461 that Villon wrote his *Grand Testament* where he laments his wasted opportunities and links

together a number of shorter poems including, as a legacy to his old
mother, the Ballade "Pour prier Nostre Dame." The *Epitaphe Villon* or
Ballade des pendus was probably composed in 1463 when Villon was
sentenced to be hanged. It was after his release from prison on this
occasion that Villon was banished from Paris.

BALLADE
A SA MERE, POUR PRIER NOSTRE DAME

Dame du ciel, regente terrienne,
Emperiere des infernaux palus,
Recevez moy, vostre humble chrestienne,
Que comprinse soye entre vos eslus,   4
Ce non obstant qu'oncques rien ne valus.
Les biens de vous, ma Dame et ma Maistresse,
Sont trop plus grans que ne suis pecheresse,
Sans lesquelz biens ame ne peut merir   8
N'avoir les cieulx. Je n'en suis jangleresse :
En ceste foy je vueil vivre et mourir.

A vostre Filz dictes que je suis sienne;
De luy soyent mes pechiez abolus;   12
Pardonne moy comme a l'Egipcienne,
Ou comme il feist au clerc Theophilus,
Lequel par vous fut quitte et absolus,
Combien qu'il eust au deable fait promesse.   16
Preservez moy de faire jamais ce,
Vierge portant, sans rompure encourir,
Le sacrement qu'on celebre a la messe :
En ceste foy je vueil vivre et mourir.   20

Femme je suis povrette et ancïenne,
Qui riens ne sçay; oncques lettre ne lus.
Au moustier voy, dont suis paroissienne
Paradis paint, ou sont harpes et lus,   24
Et ung enfer ou dampnez sont boullus :
L'ung me fait paour, l'autre joye et liesse.
La joye avoir me fay, haulte Deesse,
A qui pecheurs doivent tous recourir,   28
Comblez de foy, sans fainte ne paresse :
En ceste foy je vueil vivre et mourir.

Vous portastes, digne Vierge, princesse,
Iesus regnant qui n'a ne fin ne cesse.   32
Le Tout Puissant, prenant nostre foiblesse,
Laissa les cieulx et nous vint secourir,
Offrit a mort sa tres chiere jeunesse;
Nostre Seigneur tel est, tel le confesse :   36
En ceste foy je vueil vivre et mourir.

Le Testament (11. 873–909)

(2) palus—swamps, marshes (4) "That I may be numbered among the
elect" (5) oncques—jamais (8) merir—mériter (9) jangleresse—liar
(13) Saint Mary the Egyptian, a sinner who became a nun and then a saint.
(14) The Clerk Theophilus of Cilicia who was supposed to have sold his soul
to the devil, repented, and been saved by the Virgin Mary. (18) sans
rompure encourir—a reference to the virgin birth (19) Le sacrement—
The Eucharist (23) moustier—the church (here, the Church of the
Célestins in Paris) (24) lus—luths (25) boullus—bouillis (27) *fay* is
imperative. (33) prenant nostre foiblesse—incarnated as man

L'EPITAPHE VILLON

Freres humains qui après nous vivez,
N'ayez les cuers contre nous endurcis,
Car, se pitié de nous povres avez,
Dieu en aura plus tost de vous mercis.   4
Vous nous voiez cy attachez cinq, six :
Quant de la chair, que trop avons nourrie,
Elle est pieça devorée et pourrie,
Et nous, les os, devenons cendre et pouldre.   8
De nostre mal personne ne s'en rie;
Mais priez Dieu que tous nous vueille absouldre!

Se freres vous clamons, pas n'en devez
Avoir desdaing, quoy que fusmes occis   12
Par justice. Toutesfois, vous sçavez
Que tous hommes n'ont pas bon sens rassis;
Excusez nous, puis que sommes transis,
Envers le fils de la Vierge Marie,   16
Que sa grace ne soit pour nous tarie,
Nous preservant de l'infernale fouldre.
Nous sommes mors, ame ne nous harie;
Mais priez Dieu que tous nous vueille absouldre!   20

La pluye nous a debuez et lavez,
Et le soleil dessechiez et noircis;
Pies, corbeaulx, nous ont les yeux cavez,
Et arrachié la barbe et les sourcis.   24
Jamais nul temps nous ne sommes assis;
Puis ça, puis la, comme le vent varie,
A son plaisir sans cesser nous charie,
Plus becquetez d'oyseaulx que dez a couldre.   28
Ne soiez donc de nostre confrarie;
Mais priez Dieu que tous nous vueille absouldre!

Prince Jhesus, qui sur tous a maistrie,
Garde qu'Enfer n'ait de nous seigneurie :   32
A luy n'ayons que faire ne que souldre.
Hommes, icy n'a point de mocquerie;
Mais priez Dieu que tous nous vueille absouldre!

Poésies diverses, xiv

(3) se—si   (6) Quant de—Quant à   (7) pieça—long since   (9) "Let no one make fun of our misfortune"   (11) "If we call you brothers"   (12) occis—killed   (14) bon sens rassis—sound judgement   (15) transis—morts   (18) l'infernale fouldre—damnation   (19) ame ne nous harie—"Let no one torment us"   (21) debuez et lavez—washed and soaked (a mediaeval "doublet")   (23) cavez—dug out   (27) charie—rocks   (28) becquetez—piquetés; dez a couldre—thimble   (32) seigneurie—power, dominion   (33) "(Grant that) with Hell we may have nothing to do or to settle."   (34) n'a point—il n'y a point

Joachim Du Bellay

JOACHIM DU BELLAY (1522–1560) was a member of the group of poets known as the "Pléiade." He was the author of the celebrated *Defense et Illustration de la langue francoyse* (1549), which sought to break with mediaeval traditions mainly by following the example of the best Greek and Latin poetry. Du Bellay himself wrote intensely personal lyric poetry, much of which was inspired by nostalgia and disillusionment during a sojourn at Rome (1553–1557).

HEUREUX QUI, COMME ULYSSE

Heureux qui, comme Ulysse, a fait un beau voyage,
Ou comme cestuy là qui conquit la toison
Et puis est retourné, plein d'usage et raison,
Vivre entre ses parents le reste de son aage !   4

Quand revoiray-je, helas ! de mon petit village
Fumer la cheminee, et en quelle saison
Revoiray-je le clos de ma pauvre maison,
Qui m'est une province et beaucoup davantage ?   8

Plus me plaist le sejour qu'ont basty mes ayeux
Que des palais Romains le front audacieux;
Plus que le marbre dur me plaist l'ardoise fine,   11

Plus mon Loyre Gaulois que le Tybre Latin,
Plus mon petit Lyré que le mont Palatin,
Et plus que l'air marin la douceur Angevine.   14

Les Regrets, xxxi, 1558

This poem was composed in Rome some time between 1555 and 1557.

(1) qui—celui qui   (2) cestuy-là—celui-là, i.e., Jason; la toison—the Golden
Fleece   (3) usage—experience   (7) le clos—the garden   (9) le sejour—the
abode   (12) mon Loyre—this is La Loire and not the smaller Loir which
flows into it; Gaulois—French, Gallic   (13) Lyré—the small town Du Bellay
came from   (14) la douceur Angevine—the mild climate of Anjou

VŒU
D'UN VANNEUR DE BLÉ, AUX VENTS

A vous, troppe legere,
Qui d'æle passagere
Par le monde volez,
Et d'un sifflant murmure   4
L'ombrageuse verdure
Doulcement esbranlez,

J'offre ces violettes,
Ces lis, et ces fleurettes,   8
Et ces roses icy,
Ces vermeillettes roses,

> Tout freschement écloses,
> Et ces œilletz aussi.   *12*
>
> De votre doulce halaine
> Eventez ceste plaine,
> Eventez ce sejour;
> Cependant que j'ahanne   *16*
> A mon blé, que je vanne
> A la chaleur du jour.

Divers jeux rustiques, iii, 1558

This poem is a *villanelle*, a sort of rustic song with the rhyme scheme aabccb.

(1) troppe—troupe (16) Cependant que—Pendant que; ahanne—work away (ahan (ouf!) is the sort of involuntary gasp uttered as one strains at rhythmic physical work).

Pierre de Ronsard

PIERRE DE RONSARD (1524–1585), who was the leader of the "Pléiade," is a poet of superlative technique and tremendous variety. After a brief career as a page in the royal household, cut short by an illness which left him deaf, Ronsard along with Du Bellay became a member of a group which studied Greek and Latin under the famous humanist, Dorat. In his *Odes* and the unsuccessful epic *La Franciade*, we see very clearly the influence of the classics, but there are many other sides to Ronsard's genius—the love poet, the poet of nature, the patriot and satirist, the chronicler, the philosopher. His range and quality rank him as one of France's greatest poets.

ODE A LA FONTAINE BELLERIE

> O fontaine Bellerie,
> Belle fontaine cherie
> De nos Ninfes, quand ton eau
> Les cache au creux de ta source,   *4*
> Fuïantes le Satireau
> Qui les pourchasse à la course
> Jusqu'au bord de ton ruisseau,

Tu es la Nimphe eternelle   8
De ma terre paternelle,
Pource en ce pré verdelet
Voi ton Poëte qui t'orne
D'un petit chevreau de laict,   12
A qui l'une et l'autre corne
Sortent du front nouvelet.
  L'Esté je dors ou repose
Sus ton herbe, où je compose,   16
Caché sous tes saules vers
Je ne sçai quoi, qui ta gloire
Envoira par l'univers,
Commandant à la mémoire   20
Que tu vives par mes vers.
  L'ardeur de la Canicule
Ton verd rivage ne brule,
Tellement qu'en toutes parts   24
Ton ombre est epaisse et drue
Aux pasteurs venans des parcs,
Aux beufs las de la charue,
Et au bestial epars.   28
  Iô! tu seras sans cesse
Des fontaines la princesse,
Moi celebrant le conduit
Du rocher persé, qui darde   32
Avec un enroué bruit
L'eau de ta source jazarde
Qui trepillante se suit.

Odes II, ix, 1550

The source of this poem is Horace's famous ode, "O fons Bandusiae" (*Carm.* III, xiii). Bellerie was the name of a spring on Ronsard's property at La Possonnière in Vendomois. The text is that of 1587.

(3) Ninfes—Nymphes   (5) Satireau—Little Satyr   (10) Pource—A cause de cela   (14) The pagan custom was to sacrifice a kid but Ronsard probably is speaking metaphorically.   (22) la Canicule—the Dog Days (July 22–August 23)   (29) Iô—the Greek exclamation of joy   (34) jazarde—babbling

ODE A CASSANDRE

Mignonne, allons voir si la rose
Qui ce matin avait declose
Sa robe de pourpre au soleil,
A point perdu cette vesprée   *4*
Les plis de sa robe pourprée
Et son teint au vostre pareil.
 Las ! voiés comme en peu d'espace,
Mignonne, elle a dessus la place   *8*
Las, las, ses beautés laissé cheoir !
O vraiment maratre Nature,
Puis qu'une telle fleur ne dure
Que du matin jusques au soir.   *12*
 Donc si vous me croiés, mignonne :
Tandis que vôtre âge fleuronne
En sa plus verte nouveauté,
Cueillés, cueillés vôtre jeunesse   *16*
Comme à cette fleur, la vieillesse
Fera ternir vôtre beauté.

Odes I, xvii, 1553

Cassandre was the name of Ronsard's mistress.

(2) *declose* agrees with the following direct object. (9) cheoir—tomber
(14) fleuronne—flowers

ODE

Bel Aubepin fleurissant,
  Verdissant
Le long de ce beau rivage,
Tu est vestu jusqu'au bas   *4*
  Des longs bras
D'une lambrunche sauvage.

Deux camps de rouges fourmis
  Se sont mis   *8*
En garnison soubz ta souche :
Dans les pertuis de ton tronc
  Tout du long
Les avettes ont leur couche.   *12*

Le chantre rossignolet
    Nouvelet,
Courtisant sa bien-aimée,
Pour ses amours aleger   *16*
    Vient loger
Tous les ans en ta ramée :

Sur ta cyme il fait son ny
    Tout uny   *20*
De mousse et de fine soye,
Où ses petits s'eclorront,
    Qui seront
De mes mains la douce proye.   *24*

Or' vy gentil aubepin,
    Vy sans fin,
Vy sans que jamais tonnerre
Ou la congnée ou les vens   *28*
    Ou les tems
Te puissent ruer par terre.

Nouvelle Continuation des Amours,
          1556

The text is that of 1587.

(6) lambrunche—a kind of vine (12) avettes—abeilles (19) **ny**—nid
(25) **vy**—vis

COMME ON VOIT SUR LA BRANCHE

Comme on voit sur la branche au mois de May la rose
En sa belle jeunesse, en sa premiere fleur
Rendre le ciel jaloux de sa vive couleur,
Quand l'Aube de ses pleurs au poinct du jour l'arrose :   4

La grace dans sa feuille, et l'amour se repose,
Embasmant les jardins et les arbres d'odeur :
Mais batue ou de pluye ou d'excessive ardeur,
Languissante elle meurt feuille à feuille déclose :   8

Ainsi en ta premiere et jeune nouveauté,
Quand la terre et le ciel honoroient ta beauté,
La Parque t'a tuée, et cendre tu reposes.   *11*

Pour obsèques reçoy mes larmes et mes pleurs,
Ce vase plein de laict, ce panier plein de fleurs,
Afin que vif, et mort, ton corps ne soit que roses.   *14*

Les Amours II, iii, 1578

(11) La Parque—Atropos, the Fate which cuts the thread of life   (13) These
were the funeral offerings of the ancients.

QUAND VOUS SEREZ BIEN VIEILLE

Quand vous serez bien vieille, au soir à la chandelle,
Assise auprès du feu, devidant et filant,
Direz, chantant mes vers, en vous esmerveillant :
Ronsard me celebroit du temps que j'estois belle.   *4*

Lors vous n'aurez servante oyant telle nouvelle,
Desja sous le labeur à demy sommeillant,
Qui au bruit de mon nom ne s'aille resveillant,
Benissant vostre nom de louange immortelle.   *8*

Je seray sous la terre et fantaume sans os
Par les ombres myrtheux je prendray mon repos.
Vous serez au foyer une vieille accroupie,   *11*

Regrettant mon amour, et vostre fier desdain.
Vivez, si m'en croyez, n'attendez à demain :
Cueillez dés aujourdhuy les roses de la vie.   *14*

Sonnets pour Hélène, xxiv, 1578

(5) oyant—entendant   (8) Because of Ronsard, but also because of the name
Helen (Helen of Troy).   (10) In the Elysian fields (Virgil *Aen.* VI, 443),
celebrated lovers reclined in the shade of a grove of myrtle trees.

A SON AME

Amelette Ronsardelette,
Mignonnelette, doucelette,
Tres-chere hostesse de mon corps,
Tu descens là bas foiblelette,   *4*
Pasle, maigrelette, seulette,
Dans le froid royaume des mors;
Toutesfois simple, sans remors
De meurtre, poison, ou rancune,   *8*
Mesprisant faveurs et tresors

Tant enviez par la commune.
Passant, j'ay dit; suy ta fortune,
Ne trouble mon repos, je dors.   12

This poem, which first appeared in 1586, was written shortly before Ronsard's death. The source is Hadrian's *Animula vagula blandula*.

(10) la commune—the common herd.   (11) *Passant* here is a noun.

Rémy Belleau

RÉMY BELLEAU (1528–1577) was also a member of the "Pléiade" and an enthusiastic student of the classics. He imitated Anacreon in his *Petites Inventions* (1556), but is best known for his *Bergerie* (1565), a pastoral narrative interspersed with poems. Belleau excels in descriptive poetry and especially in the portrayal of nature of which "Avril" is the best-known example.

AVRIL

Avril, l'honneur et des bois
    Et des mois;
Avril, la douce espérance
Des fruicts qui sous le coton   4
    Du bouton
Nourrissent leur jeune enfance;

Avril, l'honneur des prez verds,
    Jaunes, pers,   8
Qui d'une humeur bigarrée
Emaillent de mille fleurs
    De couleurs
Leur parure diaprée;   12

Avril, l'honneur des soupirs
    Des Zephyrs,
Qui sous le vent de leur aelle
Dressent encor ès forests   16
    Des doux rets
Pour ravir Flore la belle;

Avril, c'est ta douce main
   Qui du sein   20
De la nature desserre
Une moisson de senteurs
   Et de fleurs,
Embasmant l'Air et la Terre.   24

Avril, l'honneur verdissant,
   Florissant
Sur les tresses blondelettes
De ma Dame, et de son sein   28
   Toujours plein
De mille et mille fleurettes.

Avril, la grace et le ris
   De Cypris,   32
Le flair et la douce haleine;
Avril, le parfum des Dieux
   Qui des Cieux
Sentent l'odeur de la plaine :   36

C'est toi courtois et gentil
   Qui d'exil
Retires ces passageres,
Ces arondelles qui vont   40
   Et qui sont
Du printemps les messageres.

L'aubespine et l'aiglantin,
   Et le thym,   44
L'œillet, le lis, et les roses,
En cette belle saison
   A foison
Monstrent leurs robes écloses.   48

Le gentil rossignolet
   Doucelet
Decoupe dessous l'ombrage
Mille fredons babillars,   52
   Fretillars,
Au doux chant de son ramage.

C'est à ton heureux retour
   Que l'amour   56
Souffle à doucettes haleines

Un feu croupi et couvert
  Que l'hyver
Receloit dedans nos veines.   60

Tu vois en ce temps nouveau
  L'essain beau
De ces pillardes avettes
Volleter de fleur en fleur,   64
  Pour l'odeur
Qu'ils mussent en leurs cuissettes.

May vantera ses fraischeurs,
  Ses fruicts meurs   68
Et sa féconde rosée,
La manne et le sucre doux,
  Le miel roux
Dont sa grace est arrosée.   72

Mais moi je donne ma voix
  A ce mois
Qui prend le surnom de celle
Qui de l'escumeuse mer   76
  Veit germer
Sa naissance maternelle.

La Bergerie, 1572

"Avril" was an addition to the second edition of *La Bergerie*, which originally appeared in 1565.

(16) ès—dans les (18) Flora is the goddess of flowers, here the flowers themselves (32) Cypris—Venus (40) arondelles—hirondelles (43) aiglantin—églantin (52) fredons—tunes (58) croupi—hidden (63) avettes—abeilles (66) mussent—cachent (78) A reference to the legend that Venus was born of the sea off Cyprus.

Saint-Amant

MARC-ANTOINE GIRARD, SIEUR DE SAINT-AMANT (1594–1661) was an adventurer and *bon vivant*. As an officer and diplomat, he served in Spain, Italy, England, and Poland. His poetry is extremely varied in style, ranging all the way from the tenderly lyrical to fierce burlesque.

LA PIPE

Assis sur un fagot, une pipe à la main,
Tristement accoudé contre une cheminée,
Les yeux fixés vers terre, et l'ame mutinée,
Je songe aux cruautés de mon sort inhumain.   4

L'espoir, qui me remet du jour au lendemain,
Essaye à gaigner temps sur ma peine obstinée,
Et, me venant promettre une autre destinée,
Me fait monter plus haut qu'un empereur romain.   8

Mais à peine cette herbe est-elle mise en cendre,
Qu'en mon premier estat il me convient descendre,
Et passer mes ennuis à redire souvent: 11

Non, je ne trouve point beaucoup de difference
De prendre du tabac à vivre d'esperance,
Car l'un n'est que fumée, et l'autre n'est que vent. 14

This reflective sonnet is sometimes entitled *Le Tabac*.

L'HYVER DES ALPES

Ces atomes de feu qui sur la neige brillent,
Ces estincelles d'or, d'azur et de cristal
Dont l'hyver, au soleil, d'un lustre oriental
Pare ses cheveux blancs que les vents esparpillent;   4

Ce beau cotton du ciel dequoy les monts s'habillent,
Ce pavé transparant fait du second metal,
Et cet air net et sain, propre à l'esprit vital,
Sont si doux à mes yeux que d'aise ils en petillent. 8

Cette saison me plaist, j'en ayme la froideur;
Sa robbe d'innocence et de pure candeur
Couvre en quelque façon les crimes de la terre.   11

Aussi l'Olympien la void d'un front humain;
Sa collere l'espargne, et jamais le tonnerre
Pour desoler ses jours ne partit de sa main.   14

(12) Aussi—therefore; l'Olympien—Jove.

PLAINTE
SUR LA MORT DE SYLVIE

Ruisseau qui cours après toy-mesme,
Et qui te fuis toy-mesme aussi,
Arreste un peu ton onde ici
Pour escouter mon dueil extresme;   4
Puis, quand tu l'auras sceu, va-t'en dire à la mer
Qu'elle n'a rien de plus amer.

Raconte-luy comme Sylvie,
Qui seule gouvernoit mon sort,   8
A receu le coup de la mort
Au plus bel age de la vie,
Et que cet accident triomphe en mesme jour
De toutes les forces d'Amour.   12

Las! je n'en puis dire autre chose,
Mes souspirs trenchent mon discours.
Adieu, ruisseau, repren ton cours,
Qui non plus que moy ne repose;   16
Que si par mes regrets j'ay bien pu t'arrester,
Voilà des pleurs pour te haster.

Tristan L'Hermite

FRANÇOIS TRISTAN L'HERMITE (1601–1655) led an adventurous and
nomadic life, part of which he describes in *Le Page disgracié*. He travelled in England, Norway, and Flanders, as well as France. In addition
to eight plays, Tristan wrote a great deal of lyric poetry, some heroic
verses, and a collection of religious devotions, *L'Office de la Sainte
Vierge*. His work is fresh and natural and marked by his independent
spirit.

LES IMAGES D'UN SONGE

C'est fait de mes Destins, je commence à sentir
Les incommoditez que la vieillesse apporte.
Déja la pâle Mort pour me faire partir,
D'un pied sec et tremblant vient fraper à ma porte.   4

Ainsi que le soleil sur la fin de son cours
Paroît plûtost tomber que descendre dans l'onde,
Lors que l'homme a passé les plus beaux de ses jours,
D'une course rapide il passe en l'autre monde.   8

Il faut éteindre en nous tous frivoles desirs,
Il faut nous détacher des terrestres plaisirs
Où sans discretion nostre apetit nous plonge.   *11*

Sortons de ces erreurs par un sage conseil;
Et cessans d'embrasser les images d'un songe,
Pensons à nous coucher pour le dernier sommeil.   *14*

Jean de La Fontaine

JEAN DE LA FONTAINE (1621–1695) is the most widely read and the best loved of French classical writers. In France every school child studies his fables and learns some of them by heart. La Fontaine is a conscientious artist who also wrote longer poems and *Contes et nouvelles en vers*, and it is a mistake to think of him as writing primarily for children. Even in the fables, the apparently facile charm is a result of astonishing technical effect that allows us to apprehend the animal characters as innocent woodland denizens, seventeenth-century courtiers, or universal types as true today as when they were conceived three hundred years ago.

LE CORBEAU ET LE RENARD

Maître corbeau, sur un arbre perché,
     Tenoit en son bec un fromage;
Maître renard, par l'odeur alléché,
     Lui tint à peu près ce langage :   4
     « Hé bonjour, Monsieur du Corbeau.
Que vous êtes joli! que vous me semblez beau!
     Sans mentir, si votre ramage
     Se rapporte à votre plumage,   8
Vous êtes le phénix des hôtes de ces bois. »
A ces mots, le corbeau ne se sent pas de joie;
     Et, pour montrer sa belle voix,
Il ouvre un large bec, laisse tomber sa proie.   12

Le renard s'en saisit, et dit : « Mon bon monsieur,
   Apprenez que tout flatteur
   Vit aux dépens de celui qui l'écoute.
Cette leçon vaut bien un fromage sans doute. »   *16*
   Le corbeau, honteux et confus,
Jura, mais un peu tard, qu'on ne l'y prendroit plus.

Fables I, ii, 1668

(1) Maître—a title still given to solicitors and attorneys (5) The particles *de, du,* or *de l'* indicate nobility. (8) Se rapporte à—Is comparable to (9) The phoenix is a miraculous legendary bird, which was supposed to be reincarnated from its own ashes. (10) ne se sent pas de joie—cannot contain himself for joy (18) qu'on ne l'y prendrait plus—that he would not be taken in again.

LA GRENOUILLE QUI SE VEUT FAIRE AUSSI GROSSE QUE LE BŒUF

   Une grenouille vit un bœuf
   Qui lui sembla de belle taille.
Elle, qui n'étoit pas grosse en tout comme un œuf,
Envieuse s'étend, et s'enfle, et se travaille   *4*
   Pour égaler l'animal en grosseur,
   Disant : « Regardez bien, ma sœur,
Est-ce assez ? Dites-moi. N'y suis-je point encore ?
— Nenni. — M'y voici donc ? — Point du tout. — M'y   *8*
   voilà ?
— Vous n'en approchez point. » La chétive pécore
   S'enfla si bien qu'elle creva.

Le monde est plein de gens qui ne sont pas plus sages :
Tout bourgeois veut bâtir comme les grands seigneurs;   *12*
   Tout petit prince a des ambassadeurs;
   Tout marquis veut avoir des pages.

Fables I, iii, 1668

(4) se travaille—makes a great effort (7) "Am I not big enough yet?" (8) Nenni—dialectal "No indeed" (9) pécore—creature

LE LOUP ET L'AGNEAU

La raison du plus fort est toujours la meilleure :
  Nous l'allons montrer tout à l'heure.

    Un agneau se désaltéroit
    Dans le courant d'une onde pure.   4
Un loup survient à jeun, qui cherchoit aventure,
  Et que la faim en ces lieux attiroit.
« Qui te rend si hardi de troubler mon breuvage ?
    Dit cet animal plein de rage.   8
Tu seras châtié de ta témérité.
— Sire, répond l'agneau, que Votre Majesté
    Ne se mette pas en colère;
    Mais plutôt qu'elle considère   12
    Que je me vas désaltérant
      Dans le courant
    Plus de vingt pas au-dessous d'elle,
Et que, par conséquent, en aucune façon   16
    Je ne puis troubler sa boisson.
— Tu la troubles, reprit cette bête cruelle,
Et je sais que de moi tu médis l'an passé.
— Comment l'aurois-je fait, si je n'étois pas né ?   20
    Reprit l'agneau, je tette encor ma mère.
      — Si ce n'est toi, c'est donc ton frère.
    — Je n'en ai point. — C'est donc quelqu'un des tiens :
    Car vous ne m'épargnez guère,   24
    Vous, vos bergers et vos chiens.
On me l'a dit : il faut que je me venge. »
    Là-dessus, au fond des forêts
    Le loup l'emporte, et puis le mange   28
    Sans autre forme de procès.

Fables I, x, 1668

---

(4) onde—stream   (7) Qui—Qu'est-ce qui   (13) vas—archaic form of *vais*
(15) *elle*, because *majesté* is always feminine.

L'ALOUETTE ET SES PETITS, AVEC LE MAITRE D'UN CHAMP

Ne t'attends qu'à toi seul, c'est un commun proverbe.
    Voici comme Esope le mit
      En crédit :
    Les alouettes font leur nid   4
    Dans les blés quand ils sont en herbe,
    C'est-à-dire environ le temps
Que tout aime et que tout pullule dans le monde,
    Monstres marins au fond de l'onde,   8
Tigres dans les forêts, alouettes aux champs.
    Une pourtant de ces dernières
Avoit laissé passer la moitié d'un printemps
Sans goûter le plaisir des amours printanières.   12
A toute force enfin elle se résolut
D'imiter la nature, et d'être mère encore.
Elle bâtit un nid, pond, couve et fait éclore
A la hâte; le tout alla du mieux qu'il put.   16
Les blés d'alentour mûrs avant que la nitée
    Se trouvât assez forte encor
    Pour voler et prendre l'essor,
De mille soins divers l'alouette agitée   20
S'en va chercher pâture, avertit ses enfants
D'être toujours au guet et faire sentinelle.
    « Si le possesseur de ces champs
Vient avecque son fils (comme il viendra), dit-elle,   24
    Ecoutez bien : selon ce qu'il dira,
      Chacun de nous décampera. »
Sitôt que l'alouette eut quitté sa famille,
Le possesseur du champ vient avecque son fils.   28
« Ces blés sont mûrs, dit-il, allez chez nos amis
Les prier que chacun, apportant sa faucille,
Nous vienne aider demain dès la pointe du jour. »
    Notre alouette, de retour,   32
    Trouve en alarme sa couvée.
L'un commence : « Il a dit que, l'aurore levée,
L'on fît venir demain ses amis pour l'aider.
— S'il n'a dit que cela, repartit l'alouette,   36
Rien ne nous presse encor de changer de retraite;
Mais c'est demain qu'il faut tout de bon écouter.

Cependant soyez gais; voilà de quoi manger. »
Eux repus, tout s'endort, les petits et la mère.　　　40
L'aube du jour arrive, et d'amis point du tout.
L'alouette à l'essor, le maître s'en vient faire
　　　Sa ronde ainsi qu'à l'ordinaire.
« Ces blés ne devroient pas, dit-il, être debout.　　44
Nos amis ont grand tort, et tort qui se repose
Sur de tels paresseux à servir ainsi lents.
　　　Mon fils, allez chez nos parents
　　　Les prier de la même chose. »　　　48
L'épouvante est au nid plus forte que jamais.
« Il a dit ses parents, mère, c'est à cette heure... »
　　　« Non, mes enfants, dormez en paix;
　　　Ne bougeons de notre demeure. »　　　52
L'alouette eut raison, car personne ne vint.
Pour la troisième fois, le maître se souvint
De visiter ses blés. « Notre erreur est extrême,
Dit-il, de nous attendre à d'autres gens que nous.　　56
Il n'est meilleur ami ni parent que soi-même.
Retenez bien cela, mon fils. Et savez-vous
Ce qu'il faut faire ? Il faut qu'avec notre famille
Nous prenions dès demain chacun une faucille :　　60
C'est là notre plus court, et nous achèverons
　　　Notre moisson quand nous pourrons. »
Dès lors que ce dessein fut su de l'alouette :
« C'est ce coup qu'il est bon de partir, mes enfants. »　　64
　　　Et les petits en même temps,
　　　Voletants, se culebutants,
　　　Délogèrent tous sans trompette.

Fables IV, xxii, 1668

(1) s'attendre à—here, to rely on　(12) *amours* is feminine in the plural.
(13) A toute force—Anyhow　(17) nitée—nichée　(24) avecque(s) is
archaic for *avec.*　(38) tout de bon—really　(45) tort qui—celui a tort qui
(59) famille—the members of the household (including servants)　(64)
C'est ce coup—Now is the time　(67) sans trompette—quietly (military term)

LES ANIMAUX MALADES DE LA PESTE

　　　Un mal qui répand la terreur,
　　　Mal que le Ciel en sa fureur

Inventa pour punir les crimes de la terre,
La peste (puisqu'il faut l'appeler par son nom),   4
Capable d'enrichir en un jour l'Achéron,
    Faisoit aux animaux la guerre.
Ils ne mouroient pas tous, mais tous étoient frappés :
    On n'en voyoit point d'occupés   8
A chercher le soutien d'une mourante vie;
    Nul mets n'excitoit leur envie;
    Ni loups ni renards n'épioient
    La douce et l'innocente proie.   12
    Les tourterelles se fuyoient :
    Plus d'amour, partant plus de joie.
Le Lion tint conseil, et dit : « Mes chers amis,
    Je crois que le Ciel a permis   16
    Pour nos péchés cette infortune.
    Que le plus coupable de nous
Se sacrifie aux traits du céleste courroux;
Peut-être il obtiendra la guérison commune.   20
L'histoire nous apprend qu'en de tels accidents
    On fait de pareils dévouements.
Ne nous flattons donc point; voyons sans indulgence
    L'état de notre conscience.   24
Pour moi, satisfaisant mes appétits gloutons,
    J'ai dévoré force moutons.
    Que m'avoient-ils fait ? Nulle offense;
Même il m'est arrivé quelquefois de manger   28
      Le berger.
Je me dévouerai donc, s'il le faut : mais je pense
Qu'il est bon que chacun s'accuse ainsi que moi;
Car on doit souhaiter, selon toute justice,   32
    Que le plus coupable périsse.
— Sire, dit le Renard, vous êtes trop bon roi;
Vos scrupules font voir trop de délicatesse.
Eh bien ! manger moutons, canaille, sotte espèce,   36
Est-ce un péché ? Non, non. Vous leur fîtes, Seigneur,
    En les croquant, beaucoup d'honneur;
    Et quant au berger, l'on peut dire
    Qu'il étoit digne de tous maux,   40
Etant de ces gens-là qui sur les animaux
    Se font un chimérique empire. »
Ainsi dit le Renard; et flatteurs d'applaudir.

On n'osa trop approfondir   44
Du Tigre, ni de l'Ours, ni des autres puissances,
Les moins pardonnables offenses :
Tous les gens querelleurs, jusqu'aux simples mâtins,
Au dire de chacun, étoient de petits saints.   48
L'Ane vint à son tour, et dit : « J'ai souvenance
      Qu'en un pré de moines passant,
La faim, l'occasion, l'herbe tendre, et, je pense,
      Quelque diable aussi me poussant,   52
Je tondis de ce pré la largeur de ma langue :
Je n'en avois nul droit, puisqu'il faut parler net. »
A ces mots, on cria haro sur le Baudet.
Un Loup, quelque peu clerc, prouva par sa harangue   56
Qu'il falloit dévouer ce maudit animal,
Ce pelé, ce galeux, d'où venoit tout leur mal.
Sa peccadille fut jugée un cas pendable.
Manger l'herbe d'autrui ! quel crime abominable !   60
      Rien que la mort n'étoit capable
D'expier son forfait; on le lui fit bien voir.

Selon que vous serez puissant ou misérable,
Les jugements de cour vous rendront blanc ou noir.   64

Fables VII, i, 1678

(4) In the Middle Ages the word "plague" was taboo.   (5) Acheron—like
the Styx, a river of the underworld   (43) d'applaudir—the historical infinitive
is equivalent to a past tense.

LES DEUX PIGEONS

Deux pigeons s'aimoient d'amour tendre.
L'un d'eux, s'ennuyant au logis,
Fut assez fou pour entreprendre
Un voyage en lointain pays.   4
L'autre lui dit : « Qu'allez-vous faire ?
Voulez-vous quitter votre frère ?
L'absence est le plus grand des maux :
Non pas pour vous, cruel. Au moins, que les travaux,   8
Les dangers, les soins du voyage,
Changent un peu votre courage.
Encor, si la saison s'avançoit davantage !

Attendez les zéphyrs. Qui vous presse ? Un corbeau 12
Tout à l'heure annonçoit malheur à quelque oiseau.
Je ne songerai plus que rencontre funeste,
Que faucons, que réseaux. Hélas ! dirai-je, il pleut,
  Mon frère a-t-il tout ce qu'il veut, 16
  Bon soupé, bon gîte, et le reste ? »
  Ce discours ébranla le cœur
  De notre imprudent voyageur,
Mais le désir de voir et l'humeur inquiète 20
L'emportèrent enfin. Il dit : « Ne pleurez point :
Trois jours au plus rendront mon âme satisfaite;
Je reviendrai dans peu conter de point en point
  Mes aventures à mon frère. 24
Je le désennuierai : quiconque ne voit guère
N'a guère à dire aussi. Mon voyage dépeint
  Vous sera d'un plaisir extrême.
Je dirai : « J'étois là; telle chose m'avint. » 28
  Vous y croirez être vous-même. »
A ces mots, en pleurant ils se dirent adieu.
Le voyageur s'éloigne; et voilà qu'un nuage
L'oblige de chercher retraite en quelque lieu. 32
Un seul arbre s'offrit, tel encor que l'orage
Maltraita le pigeon en dépit du feuillage.
L'air devenu serein, il part tout morfondu,
Sèche du mieux qu'il peut son corps chargé de pluie, 36
Dans un champ à l'écart voit du blé répandu,
Voit un pigeon auprès : cela lui donne envie.
Il y vole, il est pris : ce blé couvroit d'un las
  Les menteurs et traîtres appas. 40
Le lacs étoit usé; si bien que de son aile,
De ses pieds, de son bec, l'oiseau le rompt enfin.
Quelque plume y périt, et le pis du destin
Fut qu'un certain vautour à la serre cruelle 44
Vit notre malheureux qui, traînant la ficelle
Et les morceaux du lacs qui l'avoit attrapé,
  Sembloit un forçat échappé.
Le vautour s'en alloit le lier, quand des nues 48
Fond à son tour un aigle aux ailes étendues.
Le pigeon profita du conflit des voleurs,
S'envola, s'abattit auprès d'une masure,
  Crut pour ce coup que ses malheurs 52

Finiroient par cette aventure;
Mais un fripon d'enfant (cet âge est sans pitié)
Prit sa fronde, et du coup tua plus d'à moitié
    La volatile malheureuse,   56
    Qui, maudissant sa curiosité,
    Traînant l'aile et tirant le pié,
    Demi-morte et demi-boiteuse,
    Droit au logis s'en retourna.   60
    Que bien que mal elle arriva
    Sans autre aventure fâcheuse.
Voilà nos gens rejoints; et je laisse à juger
De combien de plaisirs ils payèrent leurs peines.   64
Amants, heureux amants, voulez-vous voyager?
    Que ce soit aux rives prochaines;
Soyez-vous l'un à l'autre un monde toujours beau,
    Toujours divers, toujours nouveau;   68
Tenez-vous lieu de tout, comptez pour rien le reste.
J'ai quelquefois aimé; je n'aurois pas alors
    Contre le Louvre et ses trésors,
Contre le firmament et sa voûte céleste,   72
    Changé les bois, changé les lieux
Honorés par les pas, éclairés par les yeux
    De l'aimable et jeune bergère
    Pour qui sous le fils de Cythère   76
Je servis engagé par mes premiers serments.
Hélas! quand reviendront de semblables moments?
Faut-il que tant d'objets si doux et si charmants
Me laissent vivre au gré de mon âme inquiète?   80
Ah! si mon cœur osoit encor se renflammer!
Ne sentirai-je plus de charme qui m'arrête?
    Ai-je passé le temps d'aimer?

Fables IX, ii, 1678

(6) Note that here and in l. 24 it is a question of friendship but towards the
end of the poem it is love. (10) courage—intention (11) Encor si—If only
(12) Qui—Qu'est-ce qui (17) soupé—souper (28) avint—advint (38)
This pigeon is a decoy. (39) las—lacs (48) lier—a term of falconry, "to
seize" (55) plus d'à moitié—plus qu'à moitié (58) pié—archaic form of
pied (61) Que bien que mal—Tant bien que mal (70) quelquefois—une
fois entre autres (71) le Louvre—the King's palace in Paris (76) le fils de
Cythère—Cupid

André-Marie Chénier

ANDRÉ-MARIE CHÉNIER (1762–1794) was a victim of the French Revolution. Born in Constantinople of a Greek mother and a French father in the diplomatic service, he early felt the influence of classical antiquity though he was educated in France. Chénier was widely travelled and active in politics. Arrested in France on a false suspicion of animosity to the new regime, he was imprisoned at St. Lazare and later guillotined. His complete works were not published until 1819, but the poem *La Jeune Captive* was published in 1796 by a friend to whom Chénier entrusted it. It was inspired by Aimée Franquetot de Coigny (b. 1769), the recently divorced wife of a nobleman. Arrested ten days before Chénier, she was his companion in prison for four months, but she was released two months after his death and later remarried.

ODE
LA JEUNE CAPTIVE

« L'épi naissant mûrit de la faux respecté;
Sans crainte du pressoir, le pampre tout l'été
  Boit les doux présents de l'aurore;
Et moi, comme lui belle, et jeune comme lui,   4
Quoi que l'heure présente ait de trouble et d'ennui,
  Je ne veux point mourir encore.

« Qu'un stoïque aux yeux secs vole embrasser la mort,
Moi je pleure et j'espère. Au noir souffle du nord,   8
  Je plie et relève ma tête.
S'il est des jours amers, il en est de si doux !
Hélas ! quel miel jamais n'a laissé de dégoûts ?
  Quelle mer n'a point de tempête ?   12

« L'illusion féconde habite dans mon sein.
D'une prison sur moi les murs pèsent en vain;
  J'ai les ailes de l'espérance.
Echappée aux réseaux de l'oiseleur cruel,   16
Plus vive, plus heureuse, aux campagnes du ciel
  Philomèle chante et s'élance.

« Est-ce à moi de mourir ? Tranquille je m'endors
Et tranquille je veille; et ma veille aux remords   20

Ni mon sommeil ne sont en proie.
Ma bienvenue au jour me rit dans tous les yeux;
Sur des fronts abattus, mon aspect dans ces lieux
     Ranime presque de la joie.   24

« Mon beau voyage encore est si loin de sa fin !
Je pars, et des ormeaux qui bordent le chemin
     J'ai passé les premiers à peine.
Au banquet de la vie à peine commencé,   28
Un instant seulement mes lèvres ont pressé
     La coupe en mes mains encor pleine.

« Je ne suis qu'au printemps. Je veux voir la moisson,
Et comme le soleil, de saison en saison,   32
     Je veux achever mon année.
Brillante sur ma tige et l'honneur du jardin,
Je n'ai vu luir encor que les feux du matin;
     Je veux achever ma journée.   36

« O Mort ! tu peux attendre; éloigne, éloigne-toi;
Va consoler les cœurs que la honte, l'effroi,
     Le pâle désespoir dévore.
Pour moi Palès encore a des asiles verts,   40
Les Amours des baisers, les Muses des concerts;
     Je ne veux pas mourir encore. »

Ainsi, triste et captif, ma lyre toutefois
S'éveillait, écoutant ces plaintes, cette voix,   44
     Ces vœux d'une jeune captive;
Et secouant le faix de mes jours languissants,
Aux douces lois des vers je pliai les accents
     De sa bouche aimable et naïve.   48

Ces chants, de ma prison témoins harmonieux,
Feront à quelque amant des loisirs studieux
     Chercher quelle fut cette belle :
La grâce décorait son front et ses discours,   52
Et, comme elle, craindront de voir finir leurs jours
     Ceux qui les passeront près d'elle.

Odes, vii

(18) In classical legend, Philomela, the daughter of Pandion, was changed into a nightingale.   (40) Pales is the goddess of the shepherds.

TOUT HOMME A SES DOULEURS

Tout homme a ses douleurs. Mais aux yeux de ses frères
Chacun d'un front serein déguise ses misères.
Chacun ne plaint que soi. Chacun dans son ennui
Envie un autre humain qui se plaint comme lui.   4
Nul des autres mortels ne mesure les peines
Qu'ils savent tous cacher comme il cache les siennes;
Et chacun, l'œil en pleurs, en son cœur douloureux
Se dit: "Excepté moi, tout le monde est heureux."   8
Ils sont tous malheureux. Leur prière importune
Crie et demande au ciel de changer leur fortune.
Ils changent; et bientôt, versant de nouveaux pleurs
Ils trouvent qu'ils n'ont fait que changer de malheurs.   12

Elégies, xliii, 1819

Alphonse de Lamartine

ALPHONSE DE LAMARTINE (1790–1869) was born of a noble family at
Mâcon, where he spent a happy childhood with his mother and sisters.
In October 1816 Lamartine visited Aix-les-Bains where he met Madame
Julie Charles, who, as Elvire, was to inspire many of the poems in the
famous *Méditations poétiques*. She was ill with tuberculosis, but it was
agreed that they would meet again the next summer at the same spot.
Lamartine went back to Aix in August 1817, but Madame Charles was
too ill to travel there and she died December 18 of that year.

In later life Lamartine entered politics and after the Revolution of
1848 he was for a short time the leader of the government. He died
impoverished in relative obscurity.

LE LAC

Ainsi toujours poussés vers de nouveaux rivages,
Dans la nuit éternelle emportés sans retour,
Ne pourrons-nous jamais sur l'océan des âges
    Jeter l'ancre un seul jour ?   4

O lac, l'année à peine a fini sa carrière,
Et, près des flots chéris qu'elle devait revoir,
Regarde ! je viens seul m'asseoir sur cette pierre
     Où tu la vis s'asseoir !   8

Tu mugissais ainsi sous ces roches profondes,
Ainsi tu te brisais sur leurs flancs déchirés,
Ainsi le vent jetait l'écume de tes ondes
     Sur ses pieds adorés.   12

Un soir, t'en souvient-il ? nous voguions en silence;
On n'entendait au loin, sur l'onde et sous les cieux,
Que le bruit des rameurs qui frappaient en cadence
     Tes flots harmonieux.   16

Tout à coup des accents inconnus à la terre
Du rivage charmé frappèrent les échos :
Le flot fut attentif, et la voix qui m'est chère
     Laissa tomber ces mots :   20

« O temps, suspends ton vol ! et vous, heures propices,
     Suspendez votre cours !
Laissez-nous savourer les rapides délices
     Des plus beaux de nos jours !   24

« Assez de malheureux ici-bas vous implorent,
     Coulez, coulez pour eux;
Prenez avec leurs jours les soins qui les dévorent,
     Oubliez les heureux !   28

« Mais je demande en vain quelques moments encore,
     Le temps m'échappe et fuit;
Je dis à cette nuit : « Sois plus lente »; et l'aurore
     Va dissiper la nuit.   32

« Aimons donc, aimons donc ! de l'heure fugitive,
     Hâtons-nous, jouissons !
L'homme n'a point de port, le temps n'a point de rive;
     Il coule, et nous passons ! »   36

Temps jaloux, se peut-il que ces moments d'ivresse,
Où l'amour à longs flots nous verse le bonheur,
S'envolent loin de nous de la même vitesse
     Que les jours de malheur ?   40

Eh quoi! n'en pourrons-nous fixer au moins la trace?
Quoi! passés pour jamais? quoi! tout entiers perdus?
Ce temps qui les donna, ce temps qui les efface,
    Ne nous les rendra plus?   44

Eternité, néant, passé, sombres abîmes,
Que faites-vous des jours que vous engloutissez?
Parlez : nous rendrez-vous ces extases sublimes
    Que vous nous ravissez?   48

O lac! rochers muets! grottes! forêt obscure!
Vous que le temps épargne ou qu'il peut rajeunir,
Gardez de cette nuit, gardez, belle nature,
    Au moins le souvenir!   52

Qu'il soit dans ton repos, qu'il soit dans tes orages,
Beau lac, et dans l'aspect de tes riants coteaux,
Et dans ces noirs sapins, et dans ces rocs sauvages,
    Qui pendent sur tes eaux.   56

Qu'il soit dans le zéphyr qui frémit et qui passe,
Dans les bruits de tes bords par tes bords répétés,
Dans l'astre au front d'argent qui blanchit ta surface
    De ses molles clartés.   60

Que le vent qui gémit, le roseau qui soupire,
Que les parfums légers de ton air embaumé,
Que tout ce qu'on entend, l'on voit ou l'on respire,
    Tout dise : « Ils ont aimé! »   64

Premières méditations, 1820

This poem was composed August 29, 1817.

(8) It is not quite a year since Lamartine first met Julie Charles at Aix-les-Bains, and their second meeting has been prevented by her illness. (59) l'astre au front d'argent—la lune

LE CRUCIFIX

Toi que j'ai recueilli sur sa bouche expirante
Avec son dernier souffle et son dernier adieu,
Symbole deux fois saint, don d'une main mourante,
    Image de mon Dieu;   4

Que de pleurs ont coulé sur tes pieds que j'adore,
Depuis l'heure sacrée où, du sein d'un martyr,
Dans mes tremblantes mains tu passas, tiède encore
    De son dernier soupir !   8

Les saints flambeaux jetaient une dernière flamme,
Le prêtre murmurait ces doux chants de la mort,
Pareils aux chants plaintifs que murmure une femme
    A l'enfant qui s'endort.   12

De son pieux espoir son front gardait la trace,
Et sur ses traits, frappés d'une auguste beauté,
La douleur fugitive avait empreint sa grâce,
    La mort sa majesté.   16

Le vent qui caressait sa tête échevelée
Me montrait tour à tour ou me voilait ses traits,
Comme l'on voit flotter sur un blanc mausolée
    L'ombre des noirs cyprès.   20

Un de ses bras pendait de la funèbre couche;
L'autre, languissamment replié sur son cœur,
Semblait chercher encore et presser sur sa bouche
    L'image du Sauveur.   24

Ses lèvres s'entr'ouvraient pour l'embrasser encore;
Mais son âme avait fui dans ce divin baiser,
Comme un léger parfum que la flamme dévore
    Avant de l'embraser.   28

Maintenant tout dormait sur sa bouche glacée,
Le souffle se taisait dans son sein endormi,
Et sur l'œil sans regard la paupière affaissée
    Retombait à demi.   32

Et moi, debout, saisi d'une terreur secrète,
Je n'osais m'approcher de ce reste adoré,
Comme si du trépas la majesté muette
    L'eût déjà consacré.   36

Je n'osais !... Mais le prêtre entendit mon silence,
Et, de ses doigts glacés prenant le crucifix :
« Voilà le souvenir, et voilà l'espérance :
    Emportez-les, mon fils ! »   40

Oui, tu me resteras, ô funèbre héritage !
Sept fois, depuis ce jour, l'arbre que j'ai planté
Sur sa tombe sans nom a changé de feuillage :
    Tu ne m'as pas quitté.   44

Placé près de ce cœur, hélas ! où tout s'efface,
Tu l'as contre le temps défendu de l'oubli,
Et mes yeux goutte à goutte ont imprimé leur trace
    Sur l'ivoire amolli.   48

O dernier confident de l'âme qui s'envole,
Viens, reste sur mon cœur ! parle encore, et dis-moi
Ce qu'elle te disait quand sa faible parole
    N'arrivait plus qu'à toi !   52

A cette heure douteuse où l'âme recueillie,
Se cachant sous le voile épaissi sur nos yeux,
Hors de nos sens glacés pas à pas se replie,
    Sourde aux derniers adieux;   56

Alors qu'entre la vie et la mort incertaine,
Comme un fruit par son poids détaché du rameau,
Notre âme est suspendue et tremble à chaque haleine
    Sur la nuit du tombeau;   60

Quand des chants, des sanglots, la confuse harmonie
N'éveille déjà plus notre esprit endormi,
Aux lèvres du mourant collé dans l'agonie,
    Comme un dernier ami;   64

Pour éclaircir l'horreur de cet étroit passage,
Pour relever vers Dieu son regard abattu,
Divin consolateur, dont nous baisons l'image,
    Réponds ! Que lui dis-tu ?   68

Tu sais, tu sais mourir ! et tes larmes divines,
Dans cette nuit terrible où tu prias en vain,
De l'olivier sacré baignèrent les racines
    Du soir jusqu'au matin !   72

De la croix, où ton œil sonda ce grand mystère,
Tu vis ta mère en pleurs et la nature en deuil;
Tu laissas comme nous tes amis sur la terre,
    Et ton corps au cercueil !   76

Au nom de cette mort, que ma faiblesse obtienne
De rendre sur ton sein ce douloureux soupir :
Quand mon heure viendra, souviens-toi de la tienne,
    O toi qui sais mourir !   80

Je chercherai la place où sa bouche expirante
Exhala sur tes pieds l'irrévocable adieu,
Et son âme viendra guider mon âme errante
    Au sein du même Dieu !   84

Ah ! puisse, puisse alors sur ma funèbre couche,
Triste et calme à la fois, comme un ange éploré,
Une figure en deuil recueillir sur ma bouche
    L'héritage sacré !   88

Soutiens ses derniers pas, charme sa dernière heure;
Et, gage consacré d'espérance et d'amour,
De celui qui s'éloigne à celui qui demeure
    Passe ainsi tour à tour,   92

Jusqu'au jour où, des morts perçant la voûte sombre,
Une voix dans le ciel, les appelant sept fois,
Ensemble éveillera ceux qui dorment à l'ombre
    De l'éternelle croix !   96

Nouvelles méditations poétiques, 1823

This poem was probably composed towards the end of 1819. The crucifix belonging to Julie Charles was brought by Amédée de Parseval to Lamartine, who was not actually present at her death.

(43) It is difficult to decide what Lamartine means. Madame Charles died December 18, 1817, and the tree could hardly have changed leaves more than six times before 1823. Perhaps he is taking further poetic liberties. (72) A reference to Christ's ordeal in the Garden of Gethsemane. (96) At the day of the Last Judgement the dead will be awakened (by Gabriel?).

LE RETOUR

Vallon rempli de mes accords,
Ruisseau dont mes pleurs troublaient l'onde,
Prés, colline, forêt profonde,
Oiseaux qui chantiez sur ces bords,   4

Zéphir qu'embaumait son haleine,
Sentiers où sa main tant de fois
M'entraînait à l'ombre des bois,
Où l'habitude me ramène :　　　　　　　　8

Le temps n'est plus ! mon œil glacé,
Qui vous cherche à travers ses larmes,
A vos bords, jadis pleins de charmes,
Redemande en vain le passé !　　　　　　12

La terre est pourtant aussi belle,
Le ciel aussi pur que jamais !
Ah ! je le vois, ce que j'aimais,
Ce n'était pas vous, c'était elle !　　　　16

Poésies diverses

According to Lamartine, the theme of this poem is imitated from Petrarch but it is also reminiscent of "Le Lac," "Le Vallon," "L'Isolement," and many others of the *Premières méditations*. It did not appear in the early editions of the poet's works.

LA CLOCHE

Dans le clocher de mon village
Il est un sonore instrument
Que j'écoutais dans mon jeune âge
Comme une voix du firmament.　　　　　4

Quand, après une longue absence,
Je revenais au toit natal,
J'épiais dans l'air, à distance,
Les doux sons du pieux métal.　　　　　8

Dans sa voix je croyais entendre
La voix joyeuse du vallon,
La voix d'une sœur douce et tendre,
D'une mère émue à mon nom !　　　　　12

Maintenant, quand j'entends encore
Ses sourds tintements sur les flots,
Chaque coup du battant sonore
Me semble jeter des sanglots.　　　　　16

Pourquoi ? Dans la tour isolée
C'est le même timbre argentin,

Le même hymne sur la vallée,
Le même salut au matin.   20

Ah ! c'est que, depuis le baptême,
La cloche au triste tintement
A tant sonné pour ceux que j'aime
L'agonie et l'enterrement !   24

C'est qu'au lieu des jeunes prières
Ou du *Te Deum* triomphant,
Il fait vibrer les froides pierres
De ma mère et de mon enfant !   28

Ainsi, quand ta voix si connue
Revint hier me visiter,
Je crus que du haut de la nue
L'ancienne joie allait chanter.   32

Mais hélas ! du divin volume
Où tes doux chants m'étaient ouverts,
Je ne sais quel flot d'amertume
Coulait en moi dans chaque vers.   36

C'est toujours le même génie,
La même âme, instrument humain;
Mais avec la même harmonie,
Comme tout pleure sous ta main !   40

Ah ! pauvre mère ! Ah ! pauvre femme !
On ne trompe pas le malheur.
Les vers sont le timbre de l'âme;
La voix se brise avec le cœur.   44

Toujours au sort le chant s'accorde.
Tu veux sourire, en vain : je vois
Une larme sur chaque corde
Et des frissons sur chaque doigt.   48

A ces vains jeux de l'harmonie
Disons ensemble un long adieu.
Pour sécher les pleurs du génie,
Que peut la lyre ? Il faut un Dieu.   52

Poésies diverses

(28) A reference to the death of Lamartine's mother (1829) and his only daughter, Julia (1832).

Alfred de Vigny

ALFRED DE VIGNY (1797–1863) was a rather austere man, proud of his noble birth and the restrictive demands of the military career which was traditional in his family. His poetry is philosophic and the lessons it teaches are stoic: nature is cruel or indifferent and man must accept his destiny unflinchingly; the thinker is isolated from his fellow-men but only through knowledge can we hope to strive for the best, suffer without complaint, and die gallantly.

MOISE

Le soleil prolongeait sur la cime des tentes
Ces obliques rayons, ces flammes éclatantes,
Ces larges traces d'or qu'il laisse dans les airs,
Lorsqu'en un lit de sable il se couche aux déserts.   4
La pourpre et l'or semblaient revêtir la campagne.
Du stérile Nébo gravissant la montagne,
Moïse, homme de Dieu, s'arrête, et, sans orgueil,
Sur le vaste horizon promène un long coup d'œil.   8
Il voit d'abord Phasga, que des figuiers entourent;
Puis, au delà des monts que ses regards parcourent,
S'étend tout Galaad, Ephraïm, Manassé,
Dont le pays fertile à sa droite est placé;   12
Vers le Midi, Juda, grand et stérile, étale
Ses sables où s'endort la mer occidentale;
Plus loin, dans un vallon que le soir a pâli,
Couronné d'oliviers, se montre Nephtali;   16
Dans des plaines de fleurs magnifiques et calmes,
Jéricho s'aperçoit : c'est la ville des palmes;
Et, prolongeant ses bois, des plaines de Phogor,
Le lentisque touffu s'étend jusqu'à Ségor.   20
Il voit tout Chanaan, et la terre promise,
Où sa tombe, il le sait, ne sera point admise.
Il voit; sur les Hébreux étend sa grande main,
Puis, vers le haut du mont il reprend son chemin.   24

Or, des champs de Moab couvrant la vaste enceinte,
Pressés au large pied de la montagne sainte,
Les enfants d'Israël s'agitaient au vallon
Comme les blés épais qu'agite l'aquilon.   28

Dès l'heure où la rosée humecte l'or des sables
Et balance sa perle au sommet des érables,
Prophète centenaire, environné d'honneur,
Moïse était parti pour trouver le Seigneur.   *32*
On le suivait des yeux aux flammes de sa tête,
Et, lorsque du grand mont il atteignit le faîte,
Lorsque son front perça le nuage de Dieu
Qui couronnait d'éclairs la cime du haut lieu,   *36*
L'encens brûla partout sur des autels de pierre,
Et six cent mille Hébreux, courbés dans la poussière,
A l'ombre du parfum par le soleil doré,
Chantèrent d'une voix le cantique sacré;   *40*
Et les fils de Lévi, s'élevant sur la foule,
Tels qu'un bois de cyprès sur le sable qui roule,
Du peuple avec la harpe accompagnant les voix,
Dirigeaient vers le ciel l'hymne du Roi des Rois.   *44*

Et, debout devant Dieu, Moïse ayant pris place,
Dans le nuage obscur lui parlait face à face.
Il disait au Seigneur : « Ne finirai-je pas ?
Où voulez-vous encor que je porte mes pas ?   *48*
Je vivrai donc toujours puissant et solitaire ?
Laissez-moi m'endormir du sommeil de la terre !
Que vous ai-je donc fait pour être votre élu ?
J'ai conduit votre peuple où vous avez voulu.   *52*
Voilà que son pied touche à la terre promise,
De vous à lui qu'un autre accepte l'entremise,
Au coursier d'Israël qu'il attache le frein;
Je lui lègue mon livre et la verge d'airain.   *56*

« Pourquoi vous fallut-il tarir mes espérances,
Ne pas me laisser homme avec mes ignorances,
Puisque du mont Horeb jusques au mont Nébo
Je n'ai pas pu trouver le lieu de mon tombeau ?   *60*
Hélas ! vous m'avez fait sage parmi les sages !
Mon doigt du peuple errant a guidé les passages.
J'ai fait pleuvoir le feu sur la tête des rois;
L'avenir à genoux adorera mes lois;   *64*
Des tombes des humains j'ouvre la plus antique,
La mort trouve à ma voix une voix prophétique,
Je suis très grand, mes pieds sont sur les nations,
Ma main fait et défait les générations.   *68*

Hélas! je suis, Seigneur, puissant et solitaire,
Laissez-moi m'endormir du sommeil de la terre!

« Hélas! je sais aussi tous les secrets des cieux,
Et vous m'avez prêté la force de vos yeux.   72
Je commande à la nuit de déchirer ses voiles;
Ma bouche par leur nom a compté les étoiles,
Et, dès qu'au firmament mon geste l'appela,
Chacune s'est hâtée en disant : « Me voilà. »   76
J'impose mes deux mains sur le front des nuages
Pour tarir dans leurs flancs la source des orages;
J'engloutis les cités sous les sables mouvants;
Je renverse les monts sous les ailes des vents;   80
Mon pied infatigable est plus fort que l'espace;
Le fleuve aux grandes eaux se range quand je passe,
Et la voix de la mer se tait devant ma voix.
Lorsque mon peuple souffre, ou qu'il lui faut des lois,   84
J'élève mes regards, votre esprit me visite;
La terre alors chancelle et le soleil hésite,
Vos anges sont jaloux et m'admirent entre eux. —
Et cependant, Seigneur, je ne suis pas heureux;   88
Vous m'avez fait vieillir puissant et solitaire,
Laissez-moi m'endormir du sommeil de la terre!

« Sitôt que votre souffle a rempli le berger,
Les hommes se sont dit : « Il nous est étranger »;   92
Et les yeux se baissaient devant mes yeux de flamme,
Car ils venaient, hélas! d'y voir plus que mon âme.
J'ai vu l'amour s'éteindre et l'amitié tarir;
Les vierges se voilaient et craignaient de mourir.   96
M'enveloppant alors de la colonne noire,
J'ai marché devant tous, triste et seul dans ma gloire,
Et j'ai dit dans mon cœur : « Que vouloir à présent ? »
Pour dormir sur un sein mon front est trop pesant,   100
Ma main laisse l'effroi sur la main qu'elle touche,
L'orage est dans ma voix, l'éclair est sur ma bouche;
Aussi, loin de m'aimer, voilà qu'ils tremblent tous,
Et, quand j'ouvre les bras, on tombe à mes genoux.   104
O Seigneur! j'ai vécu puissant et solitaire,
Laissez-moi m'endormir du sommeil de la terre! »

Or, le peuple attendait, et, craignant son courroux,
Priait sans regarder le mont du Dieu jaloux;   108
Car, s'il levait les yeux, les flancs noirs du nuage

Roulaient et redoublaient les foudres de l'orage,
Et le feu des éclairs, aveuglant les regards,
Enchaînait tous les fronts courbés de toutes parts.   *112*
Bientôt le haut du mont reparut sans Moïse. —
Il fut pleuré. — Marchant vers la terre promise,
Josué s'avançait pensif, et pâlissant,
Car il était déjà l'élu du Tout-Puissant.   *116*

Poèmes antiques et modernes (Livre mystique)

This poem was written in 1822. For a study of Vigny's sources, see the critical edition of the *Poèmes antiques et modernes* by Edmond Estève (Paris, Hachette, 1914, pp. 11–19). Vigny himself, in a letter to Mademoiselle Meauvois dated December 27, 1838, wrote: "Le mien n'est pas le Moïse des Juifs. Ce grand nom ne sert que de masque à un homme de tous les siècles et plus moderne qu'antique : l'homme de génie, las de son éternel veuvage et désespéré de voir sa solitude plus vaste et plus avide à mesure qu'il grandit. Fatigué de sa grandeur il demande le néant..."

(6) Mt. Nebo is east of the Dead Sea. (10) the Chain of Lebanon (14) la mer occidentale—the Mediterranean (25) Moab is south of Mt. Nebo. (41) The Levites were dedicated to religion. (56) mon livre—the Pentateuch (Genesis, Exodus, Leviticus, Deuteronomy, Numbers), traditionally ascribed to Moses (59) Mt. Horeb in Sinai is the spot where God first appeared to Moses. (65) Possible reference to the tomb of Abel described in Genesis. (73) A reference to the pillar of fire. (82) the Red Sea (91) Moses looked after his father-in-law's sheep before he was chosen to lead the Israelites out of bondage. (94) i.e., his divine inspiration

LA MORT DE L'AIGLE

Sur la neige des monts, couronne des hameaux,
L'Espagnol a blessé l'aigle des Asturies,
Dont le vol menaçait ses blanches bergeries;
Hérissé, l'oiseau part et fait pleuvoir le sang,   *4*
Monte aussi vite au ciel que l'éclair en descend,
Regarde son Soleil, d'un bec ouvert l'aspire,
Croit reprendre la vie au flamboyant empire;
Dans un fluide d'or il nage puissamment,   *8*
Et parmi les rayons se balance un moment :
Mais l'homme l'a frappé d'une atteinte trop sûre;
Il sent le plomb chasseur fondre dans sa blessure;
Son aile se dépouille, et son royal manteau   *12*
Vole comme un duvet qu'arrache le couteau.

Dépossédé des airs, son poids le précipite;
Dans la neige du mont il s'enfonce et palpite,
Et la glace terrestre a d'un pesant sommeil   *16*
Fermé cet œil puissant respecté du Soleil.

Poèmes, 1829 (2nd edition)

(*Eloa, ou La Sœur des anges* 11. 136–52)

This poem was later incorporated into the *Poèmes antiques et modernes, Livre mystique* (1837, etc.).

(2) Asturias—formerly a province of northern Spain in a region that is very mountainous.

LE COR

I

J'aime le son du Cor, le soir, au fond des bois,
Soit qu'il chante les pleurs de la biche aux abois,
Ou l'adieu du chasseur que l'écho faible accueille,
Et que le vent du nord porte de feuille en feuille.   *4*

Que de fois, seul dans l'ombre à minuit demeuré,
J'ai souri de l'entendre, et plus souvent pleuré!
Car je croyais ouïr de ces bruits prophétiques
Qui précédaient la mort des Paladins antiques.   *8*

O montagne d'azur! ô pays adoré!
Rocs de la Frazona, cirque du Marboré,
Cascades qui tombez des neiges entraînées,
Sources, gaves, ruisseaux, torrents des Pyrénées;   *12*

Monts gelés et fleuris, trône des deux saisons,
Dont le front est de glace et le pied de gazons!
C'est là qu'il faut s'asseoir, c'est là qu'il faut entendre
Les airs lointains d'un Cor mélancolique et tendre.   *16*

Souvent un voyageur, lorsque l'air est sans bruit,
De cette voix d'airain fait retentir la nuit;
A ses chants cadencés autour de lui se mêle
L'harmonieux grelot du jeune agneau qui bêle.   *20*

Une biche attentive, au lieu de se cacher,
Se suspend immobile au sommet du rocher,
Et la cascade unit, dans une chute immense,
Son éternelle plainte au chant de la romance.   **24**

Ames des chevaliers, revenez-vous encor ?
Est-ce vous qui parlez avec la voix du Cor ?
Roncevaux ! Roncevaux ! dans ta sombre vallée
L'ombre du grand Roland n'est donc pas consolée ! 28

II

Tous les preux étaient morts, mais aucun n'avait fui.
Il reste seul debout, Olivier près de lui;
L'Afrique sur les monts l'entoure et tremble encore.
« Roland, tu vas mourir, rends-toi, criait le More; 32

Tous tes Pairs sont couchés dans les eaux des
       torrents. »
Il rugit comme un tigre, et dit : « Si je me rends,
Africain, ce sera lorsque les Pyrénées
Sur l'onde avec leurs corps rouleront entraînées. » 36

« Rends-toi donc, répond-il, ou meurs, car les voilà. »
Et du plus haut des monts un grand rocher roula.
Il bondit, il roula jusqu'au fond de l'abîme,
Et de ses pins, dans l'onde, il vint briser la cime. 40

« Merci, cria Roland; tu m'as fait un chemin. »
Et jusqu'au pied des monts le roulant d'une main,
Sur le roc affermi comme un géant s'élance,
Et, prête à fuir, l'armée à ce seul pas balance. 44

III

Tranquilles cependant, Charlemagne et ses preux
Descendaient la montagne et se parlaient entre eux.
A l'horizon déjà, par leurs eaux signalées,
De Luz et d'Argelès se montraient les vallées. 48

L'armée applaudissait. Le luth du troubadour
S'accordait pour chanter les saules de l'Adour;
Le vin français coulait dans la coupe étrangère;
Le soldat, en riant, parlait à la bergère. 52

Roland gardait les monts; tous passaient sans effroi.
Assis nonchalamment sur un noir palefroi
Qui marchait revêtu de housses violettes,
Turpin disait, tenant les saintes amulettes : 56

« Sire, on voit dans le ciel des nuages de feu :
Suspendez votre marche; il ne faut tenter Dieu.
Par monsieur saint Denis, certes ce sont des âmes
Qui passent dans les airs sur ces vapeurs de flammes.   60

« Deux éclairs ont relui, puis deux autres encor. »
Ici l'on entendit le son lointain du Cor.
L'Empereur étonné, se jetant en arrière,
Suspend du destrier la marche aventurière.   64

« Entendez-vous ? dit-il. — Oui, ce sont des pasteurs
Rappelant les troupeaux épars sur les hauteurs,
Répondit l'archevêque, ou la voix étouffée
Du nain vert Obéron, qui parle avec sa fée. »   68

Et l'Empereur poursuit; mais son front soucieux
Est plus sombre et plus noir que l'orage des cieux.
Il craint la trahison, et, tandis qu'il y songe,
Le Cor éclate et meurt, renaît et se prolonge.   72

« Malheur ! c'est mon neveu ! malheur ! car, si Roland
Appelle à son secours, ce doit être en mourant.
Arrière, chevaliers, repassons la montagne !
Tremble encor sous nos pieds, sol trompeur de
          l'Espagne ! »   76

                        IV
Sur le plus haut des monts s'arrêtent les chevaux;
L'écume les blanchit; sous leurs pieds, Roncevaux
Des feux mourants du jour à peine se colore.
A l'horizon lointain fuit l'étendard du More.   80

« Turpin, n'as-tu rien vu dans le fond du torrent ?
— J'y vois deux chevaliers : l'un mort, l'autre expirant.
Tous deux sont écrasés sous une roche noire;
Le plus fort, dans sa main, élève un Cor d'ivoire,   84
Son âme en s'exhalant nous appela deux fois. »
                  ———————
Dieu ! que le son du Cor est triste au fond des bois !

                Poèmes antiques et modernes, 1826

                    (*Livre moderne*)

According to Vigny's note, this poem was written at Pau in the Pyrenees in
1825. While there, he had been reminded of the famous French epic, *La
Chanson de Roland*, which he recalls, though not always accurately.

(8) The Paladins were Charlemagne's companions at arms. (10) These are ranges in the Pyrenees. Frazona should be Stazona. (12) gave—mountain torrent (27) Roncevaux is the name of the valley where Roland and Oliver with their companions heroically fought against the overwhelming numbers of the Saracens. (31) L'Afrique—The Moors (48) Luz and Argelès are cities on the French side of the Pyrenees. (49) This is an anachronism. The troubadours and their lutes belong to the eleventh century, not the eighth. (50) The Adour is a river flowing into the bay of Gascony. (56) In the *Chanson de Roland* Turpin, Archbishop of Rheims, was killed with Roland. (59) saint Denis—the first bishop of Paris (68) Oberon, king of the fairies, and his queen Titania.

LA MORT DU LOUP

I

Les nuages couraient sur la lune enflammée
Comme sur l'incendie on voit fuir la fumée,
Et les bois étaient noirs jusques à l'horizon.
—Nous marchions, sans parler, dans l'humide gazon,   4
Dans la bruyère épaisse et dans les hautes brandes,
Lorsque, sous des sapins pareils à ceux des Landes,
Nous avons aperçu les grands ongles marqués
Par les Loups voyageurs que nous avions traqués.   8
Nous avons écouté, retenant notre haleine
Et le pas suspendu. — Ni le bois ni la plaine
Ne poussaient un soupir dans les airs; seulement
La girouette en deuil criait au firmament;   12
Car le vent, élevé bien au-dessus des terres,
N'effleurait de ses pieds que les tours solitaires,
Et les chênes d'en bas, contre les rocs penchés,
Sur leurs coudes semblaient endormis et couchés.   16
—Rien ne bruissait donc, lorsque, baissant la tête,
Le plus vieux des chasseurs qui s'étaient mis en quête
A regardé le sable en s'y couchant; bientôt,
Lui que jamais ici l'on ne vit en défaut,   20
A déclaré tout bas que ces marques récentes
Annonçaient la démarche et les griffes puissantes
De deux grands Loups-cerviers et de deux Louveteaux,
Nous avons tous alors préparé nos couteaux,   24
Et, cachant nos fusils et leurs lueurs trop blanches,
Nous allions, pas à pas, en écartant les branches.

Trois s'arrêtent, et moi, cherchant ce qu'ils voyaient,
J'aperçois tout à coup deux yeux qui flamboyaient,   28
Et je vois au delà quatre formes légères
Qui dansaient sous la lune au milieu des bruyères,
Comme font chaque jour, à grand bruit, sous nos yeux,
Quand le maître revient, les lévriers joyeux.   32
Leur forme était semblable et semblable la danse;
Mais les enfants du Loup se jouaient en silence,
Sachant bien qu'à deux pas, ne dormant qu'à demi,
Se couche dans ses murs l'homme, leur ennemi.   36
Le père était debout, et plus loin, contre un arbre,
La Louve reposait comme celle de marbre
Qu'adoraient les Romains, et dont les flancs velus
Couvaient les demi-dieux Rémus et Romulus.   40
Le Loup vient et s'assied, les deux jambes dressées,
Par leurs ongles crochus dans le sable enfoncées.
Il s'est jugé perdu, puisqu'il était surpris,
Sa retraite coupée et tous ses chemins pris;   44
Alors il a saisi, dans sa gueule brûlante,
Du chien le plus hardi la gorge pantelante,
Et n'a pas desserré ses mâchoires de fer,
Malgré nos coups de feu qui traversaient sa chair,   48
Et nos couteaux aigus qui, comme des tenailles,
Se croisaient en plongeant dans ses larges entrailles,
Jusqu'au dernier moment où le chien étranglé,
Mort longtemps avant lui, sous ses pieds a roulé.   52
Le Loup le quitte alors et puis il nous regarde.
Les couteaux lui restaient au flanc jusqu'à la garde,
Le clouaient au gazon tout baigné dans son sang;
Nos fusils l'entouraient en sinistre croissant.   56
— Il nous regarde encore, ensuite il se recouche,
Tout en léchant le sang répandu sur sa bouche,
Et, sans daigner savoir comment il a péri,
Refermant ses grands yeux, meurt sans jeter un cri.   60

II

J'ai reposé mon front sur mon fusil sans poudre,
Me prenant à penser, et n'ai pu me résoudre
A poursuivre sa Louve et ses fils, qui, tous trois,
Avaient voulu l'attendre, et, comme je le crois,   64

Sans ses deux Louveteaux, la belle et sombre veuve
Ne l'eût pas laissé seul subir la grande épreuve;
Mais son devoir était de les sauver, afin
De pouvoir leur apprendre à bien souffrir la faim,   68
A ne jamais entrer dans le pacte des villes
Que l'homme a fait avec les animaux serviles
Qui chassent devant lui, pour avoir le coucher,
Les premiers possesseurs du bois et du rocher.   72

                               III

Hélas! ai-je pensé, malgré ce grand nom d'Hommes,
Que j'ai honte de nous, débiles que nous sommes!
Comment on doit quitter la vie et tous ses maux,
C'est vous qui le savez, sublimes animaux!   76
A voir ce que l'on fut sur terre et ce qu'on laisse,
Seul le silence est grand; tout le reste est faiblesse.
—Ah! je t'ai bien compris, sauvage voyageur,
Et ton dernier regard m'est allé jusqu'au cœur!   80
Il disait : « Si tu peux, fais que ton âme arrive,
A force de rester studieuse et pensive,
Jusqu'à ce haut degré de stoïque fierté
Où, naissant dans les bois, j'ai tout d'abord monté.   84
Gémir, pleurer, prier, est également lâche.
Fais énergiquement ta longue et lourde tâche
Dans la voie où le Sort a voulu t'appeler,
Puis, après, comme moi, souffre et meurs sans parler. »   88

                    Les Destinées, 1864

                 (*Poëmes philosophiques*)

This poem was composed October 30, 1838, and probably revised before publication in the *Revue des Deux Mondes*, February 1, 1843. The source is Byron's *Childe Harold*, IV, xxi: "And the wolf dies in silence,—not bestowed/ In vain should such example be."

(5) brandes—heath or under-shrubbery (6) Landes is south of Bordeaux. (18) se mettre en quête—to look for a trail (hunting) (20) être en défaut— to lose a trail (hunting) (23) loup-cervier—ordinarily lynx, here timber-wolf (71) coucher—shelter

LE BERCEAU

Dors dans cette nacelle où te reçut le monde;
Songe au ciel d'où tu viens, au fond de ton berceau,
Comme le nautonier qui, sur la mer profonde,
Rêve de la patrie et dort dans son vaisseau.   4

Le matelot n'entend au-dessus de sa tête
Qu'un bruit vague et sans fin sur le flot agité,
Et quand autour de lui bouillonne la tempête,
Il sourit au repos qu'hélas! il a quitté.   8

Qu'ainsi de notre terre aucun son ne t'éveille,
Et que les bruits lointains de la vaste cité,
La harpe de ton frère ou ta mère qui veille,
Tout forme à ton repos un murmure enchanté!   12

N'entends pas les vains bruits de la foule importune,
Mais ces concerts formés pour tes jeunes douleurs;
Tu connaîtras assez la voix de l'infortune :
Sur la terre on entend moins de chants que de pleurs.   16

Pour ta nef sans effroi la vie est sans orages;
Le seul flot qui te berce est le bras maternel,
Et tes jours passeront sans crainte des naufrages
Depuis le sein natal jusqu'au port éternel.   20

Les nautoniers pieux, sur la mer étrangère,
Invoquent la patronne et voguent rassurés...
Tu t'appelles Marie, ô jeune passagère,
Et ton nom virginal règne aux champs azurés.   24

Notes et additions aux poésies

This poem is dedicated to Marie de Clerembault, âgée de vingt jours.

Victor Hugo

VICTOR HUGO (1802–1885) in his writing reflects many of the literary
tendencies of the century which his life almost spanned. As a prolific
poet, he first imitated classical forms in his *Odes et poésies diverses*

(1822), then turned to exotic descriptive poetry in *Les Orientales* (1829), meditative verse in *Les Feuilles d'Automne* (1831) and so on, satiric poetry in *Les Châtiments* (1853), and epic poetry in the grand style in *La Légende des siècles* (1859, 1877, 1883).

Hugo was also an important dramatist with seven plays to his credit, a novelist whose best known works are *Notre Dame de Paris* (1831) and *Les Misérables* (1862), a critic, and a politician. After the Revolution of 1848 and the *coup d'état* of December 2, 1851, Hugo was exiled and did not return to France until 1870. From Jersey and Guernsey he campaigned against Louis-Napoléon, and his return to France after the Franco-Prussian war was a personal and a national triumph.

For versatility and influence, Hugo can be compared only to Voltaire.

LES DJINNS

Murs, ville,
Et port,
Asile
De mort,   4
Mer grise
Où brise
La brise,
Tout dort.   8

Dans la plaine
Naît un bruit.
C'est l'haleine
De la nuit.   12
Elle brame
Comme une âme
Qu'une flamme
Toujours suit.   16

La voix plus haute
Semble un grelot.
D'un nain qui saute
C'est le galop.   20
Il fuit, s'élance,
Puis en cadence
Sur un pied danse
Au bout d'un flot.   24

La rumeur approche,
L'écho la redit.
C'est comme la cloche
D'un couvent maudit,   28
Comme un bruit de foule
Qui tonne et qui roule,
Et tantôt s'écroule,
Et tantôt grandit.   32

Dieu ! la voix sépulcrale
Des Djinns !... — Quel bruit ils font !
Fuyons sous la spirale
De l'escalier profond !   36
Déjà s'éteint ma lampe,
Et l'ombre de la rampe,
Qui le long du mur rampe,
Monte jusqu'au plafond.   40

C'est l'essaim des Djinns qui passe,
Et tourbillonne en sifflant.
Les ifs, que leur vol fracasse,
Craquent comme un pin brûlant.   44
Leur troupeau lourd et rapide,
Volant dans l'espace vide,
Semble un nuage livide
Qui porte un éclair au flanc.   48

Ils sont tout près ! — Tenons fermée
Cette salle où nous les narguons.
Quel bruit dehors ! Hideuse armée
De vampires et de dragons !   52
La poutre du toit descellée
Ploie ainsi qu'une herbe mouillée,
Et la vieille porte rouillée
Tremble à déraciner ses gonds.   56

Cris de l'enfer ! voix qui hurle et qui pleure !
L'horrible essaim, poussé par l'aquilon,
Sans doute, ô ciel ! s'abat sur ma demeure.
Le mur fléchit sous le noir bataillon.   60
La maison crie et chancelle penchée,
Et l'on dirait que, du sol arrachée,
Ainsi qu'il chasse une feuille séchée,
Le vent la roule avec leur tourbillon !   64

Prophète! si ta main me sauve
De ces impurs démons des soirs,
J'irai prosterner mon front chauve
Devant tes sacrés encensoirs!   68
Fais que sur ces portes fidèles
Meure leur souffle d'étincelles,
Et qu'en vain l'ongle de leurs ailes
Grince et crie à ces vitraux noirs!   72

Ils sont passés! — Leur cohorte
S'envole et fuit, et leurs pieds
Cessent de battre ma porte
De leurs coups multipliés.   76
L'air est plein d'un bruit de chaînes,
Et dans les forêts prochaines
Frissonnent tous les grands chênes,
Sous leur vol de feu pliés!   80

De leurs ailes lointaines
Le battement décroît,
Si confus dans les plaines,
Si faible, que l'on croit   84
Ouïr la sauterelle
Crier d'une voix grêle
Ou pétiller la grêle
Sur le plomb d'un vieux toit.   88

D'étranges syllabes
Nous viennent encor :
Ainsi des Arabes
Quand sonne le cor,   92
Un chant sur la grève
Par instants s'élève,
Et l'enfant qui rêve
Fait des rêves d'or.   96

Les Djinns funèbres,
Fils du trépas,
Dans les ténèbres
Pressent leurs pas;   100
Leur essaim gronde :
Ainsi, profonde,
Murmure une onde
Qu'on ne voit pas.   104

Ce bruit vague
Qui s'endort,
C'est la vague
Sur le bord;   *108*
C'est la plainte
Presque éteinte
D'une sainte
Pour un mort.   *112*

On doute
La nuit...
J'écoute : —
Tout fuit.   *116*
Tout passe;
L'espace
Efface
Le bruit.   *120*

Les Orientales xxviii, 1828

This poem was composed August 28, 1828. The *djinn* or genie belongs to Arabian demonology, but the details Hugo gives are fictitious.

(28) couvent—either a convent or a monastery   (65) Prophète—Mahomet (67) It was the custom for Moslems to shave their heads except for a lock at the back by which they were lifted into heaven.

REVERIE

Oh ! laissez-moi ! c'est l'heure où l'horizon qui fume
Cache un front inégal sous un cercle de brume,
L'heure où l'astre géant rougit et disparaît.
Le grand bois jaunissant dore seul la colline.   4
On dirait qu'en ces jours où l'automne décline,
Le soleil et la pluie ont rouillé la forêt.

Oh ! qui fera surgir soudain, qui fera naître,
Là-bas, — tandis que seul je rêve à la fenêtre   8
Et que l'ombre s'amasse au fond du corridor, —
Quelque ville mauresque, éclatante, inouïe,
Qui, comme la fusée en gerbe épanouie,
Déchire ce brouillard avec ses flèches d'or !   12

Qu'elle vienne inspirer, ranimer, ô génies,
Mes chansons, comme un ciel d'automne rembrunies,
Et jeter dans mes yeux son magique reflet,
Et longtemps, s'éteignant en rumeurs étouffées,   *16*
Avec les mille tours de ses palais de fées,
Brumeuse, denteler l'horizon violet !

Les Orientales xxxvi, 1828

EXTASE

J'étais seul près des flots, par une nuit d'étoiles.
Pas un nuage aux cieux, sur les mers pas de voiles.
Mes yeux plongeaient plus loin que le monde réel;
Et les bois, et les monts, et toute la nature,   *4*
Semblaient interroger dans un confus murmure
  Les flots des mers, les feux du ciel.

Et les étoiles d'or, légions infinies,
A voix haute, à voix basse, avec mille harmonies,   *8*
Disaient, en inclinant leurs couronnes de feu;
Et les flots bleus, que rien ne gouverne et n'arrête,
Disaient, en recourbant l'écume de leur crête :
  — C'est le Seigneur, le Seigneur Dieu !   *12*

Les Orientales, xxxvii, 1828

This poem is dated November 25, 1828.

ECRIT SUR LA PLINTHE D'UN
BAS-RELIEF ANTIQUE

La musique est dans tout. Un hymne sort du monde.
Rumeur de la galère aux flancs lavés par l'onde,
Bruits des villes, pitié de la sœur pour la sœur,
Passion des amants jeunes et beaux, douceur   *4*
Des vieux époux usés ensemble par la vie,
Fanfare de la plaine émaillée et ravie,
Mots échangés le soir sur les seuils fraternels,
Sombre tressaillement des chênes éternels,   *8*
Vous êtes l'harmonie et la musique même !
Vous êtes les soupirs qui font le chant suprême !

Pour notre âme, les jours, la vie et les saisons,
Les songes de nos cœurs, les plis des horizons,   *12*
L'aube et ses pleurs, le soir et ses grands incendies,
Flottent dans un réseau de vagues mélodies.
Une voix dans les champs nous parle, une autre voix
Dit à l'homme autre chose et chante dans les bois.   *16*
Par moment, un troupeau bêle, une cloche tinte.
Quand par l'ombre, la nuit, la colline est atteinte,
De toutes parts on voit danser et resplendir,
Dans le ciel étoilé du zénith au nadir,   *20*
Dans la voix des oiseaux, dans le cri des cigales,
Le groupe éblouissant des notes inégales.
Toujours avec notre âme un doux bruit s'accoupla;
La nature nous dit : Chante ! Et c'est pour cela   *24*
Qu'un statuaire ancien sculpta sur cette pierre
Un pâtre sur sa flûte abaissant sa paupière.

Les Contemplations III, xxi, juin, 1833

ECRIT SUR LA VITRE D'UNE FENETRE FLAMANDE

J'aime le carillon dans tes cités antiques,
O vieux pays gardien de tes mœurs domestiques,
Noble Flandre où le nord se réchauffe engourdi
Au soleil de Castille et s'accouple au midi !   *4*
Le carillon, c'est l'heure inattendue et folle
Que l'œil croit voir, vêtue en danseuse espagnole,
Apparaître soudain par le trou vif et clair
Que ferait en s'ouvrant une porte de l'air.   *8*
Elle vient, secouant sur les toits léthargiques
Son tablier d'argent plein de notes magiques;
Réveillant sans pitié les dormeurs ennuyeux,
Sautant à petits pas comme un oiseau joyeux,   *12*
Vibrante, ainsi qu'un dard qui tremble dans la cible;
Par un frêle escalier de cristal invisible,
Effarée et dansante, elle descend des cieux;
Et l'esprit, ce veilleur fait d'oreilles et d'yeux,   *16*
Tandis qu'elle va, vient, monte et descend encore,
Entend de marche en marche errer son pied sonore !

Les Rayons et les ombres, xviii, 1840

The poem is dated Malines-Louvain, August 19, 1837.

OCEANO NOX

Oh! combien de marins, combien de capitaines
Qui sont partis joyeux pour des courses lointaines,
Dans ce morne horizon se sont évanouis!
Combien ont disparu, dure et triste fortune!   4
Dans une mer sans fond, par une nuit sans lune,
Sous l'aveugle océan à jamais enfouis!

Combien de patrons morts avec leurs équipages!
L'ouragan de leur vie a pris toutes les pages,   8
Et d'un souffle il a tout dispersé sur les flots!
Nul ne saura leur fin dans l'abîme plongée.
Chaque vague en passant d'un butin s'est chargée;
L'une a saisi l'esquif, l'autre les matelots!   12

Nul ne sait votre sort, pauvres têtes perdues!
Vous roulez à travers les sombres étendues,
Heurtant de vos fronts morts des écueils inconnus.
Oh! que de vieux parents, qui n'avaient plus qu'un rêve,   16
Sont morts en attendant tous les jours sur la grève
    Ceux qui ne sont pas revenus!

On s'entretient de vous parfois dans les veillées.
Maint joyeux cercle, assis sur des ancres rouillées,   20
Mêle encor quelque temps vos noms d'ombre couverts
Aux rires, aux refrains, aux récits d'aventures,
Aux baisers qu'on dérobe à vos belles futures,
Tandis que vous dormez dans les goëmons verts!   24

On demande : — Où sont-ils? sont-ils rois dans
    quelque île?
Nous ont-ils délaissés pour un bord plus fertile? —
Puis votre souvenir même est enseveli.
Le corps se perd dans l'eau, le nom dans la mémoire.   28
Le temps, qui sur toute ombre en verse une plus noire,
Sur le sombre océan jette le sombre oubli.

Bientôt des yeux de tous votre ombre est disparue.
L'un n'a-t-il pas sa barque et l'autre sa charrue?   32
Seules, durant ces nuits où l'orage est vainqueur,
Vos veuves aux fronts blancs, lasses de vous attendre,
Parlent encor de vous en remuant la cendre
    De leur foyer et de leur cœur!   36

Et quand la tombe enfin a fermé leur paupière,
Rien ne sait plus vos noms, pas même une humble pierre
Dans l'étroit cimetière où l'écho nous répond,
Pas même un saule vert qui s'effeuille à l'automne,   40
Pas même la chanson naïve et monotone
Que chante un mendiant à l'angle d'un vieux pont!

Où sont-ils, les marins sombrés dans les nuits noires?
O flots, que vous avez de lugubres histoires!   44
Flots profonds redoutés des mères à genoux!
Vous vous les racontez en montant les marées,
Et c'est ce qui vous fait ces voix désespérées
Que vous avez le soir quand vous venez vers nous!

Les Rayons et les ombres, xlii, 1840

The poem is dated July 1836.

(23) vos belles futures—their fiancées

L'EXPIATION

1. LA RETRAITE DE MOSCOU

Il neigeait. On était vaincu par sa conquête.
Pour la première fois l'aigle baissait la tête.
Sombres jours! L'empereur revenait lentement,
Laissant derrière lui brûler Moscou fumant.   4
Il neigeait. L'âpre hiver fondait en avalanche.
Après la plaine blanche une autre plaine blanche.
On ne connaissait plus les chefs ni le drapeau.
Hier la grande armée, et maintenant troupeau.   8
On ne distinguait plus les ailes ni le centre.
Il neigeait. Les blessés s'abritaient dans le ventre
Des chevaux morts; au seuil des bivouacs désolés
On voyait des clairons à leur poste gelés,   12
Restés debout, en selle et muets, blancs de givre,
Collant leur bouche en pierre aux trompettes de cuivre.
Boulets, mitraille, obus, mêlés aux flocons blancs,
Pleuvaient; les grenadiers, surpris d'être tremblants, 16
Marchaient pensifs, la glace à leur moustache grise.
Il neigeait, il neigeait toujours! La froide bise

Sifflait; sur le verglas, dans des lieux inconnus,
On n'avait pas de pain et l'on allait pieds nus.   20
Ce n'étaient plus des cœurs vivants, des gens de guerre,
C'était un rêve errant dans la brume, un mystère,
Une procession d'ombres sous le ciel noir.
La solitude, vaste, épouvantable à voir,   24
Partout apparaissait, muette vengeresse.
Le ciel faisait sans bruit avec la neige épaisse
Pour cette immense armée un immense linceul;
Et, chacun se sentant mourir, on était seul.   28
— Sortira-t-on jamais de ce funeste empire ?
Deux ennemis ! le czar, le nord. Le nord est pire.
On jetait les canons pour brûler les affûts.
Qui se couchait, mourait. Groupe morne et confus,   32
Ils fuyaient; le désert dévorait le cortège.
On pouvait, à des plis qui soulevaient la neige,
Voir que des régiments s'étaient endormis là.
O chutes d'Annibal ! lendemains d'Attila !   36
Fuyards, blessés, mourants, caissons, brancards, civières,
On s'écrasait aux ponts pour passer les rivières,
On s'endormait dix mille, on se réveillait cent.
Ney, que suivait naguère une armée, à présent   40
S'évadait, disputant sa montre à trois cosaques.
Toutes les nuits, qui-vive ! alerte ! assauts ! attaques !
Ces fantômes prenaient leur fusil, et sur eux
Ils voyaient se ruer, effrayants, ténébreux,   44
Avec des cris pareils aux voix des vautours chauves,
D'horribles escadrons, tourbillons d'hommes fauves.
Toute une armée ainsi dans la nuit se perdait.
L'empereur était là, debout, qui regardait.   48
Il était comme un arbre en proie à la cognée.
Sur ce géant, grandeur jusqu'alors épargnée,
Le malheur, bûcheron sinistre, était monté;
Et lui, chêne vivant, par la hache insulté,   52
Tressaillant sous le spectre aux lugubres revanches,
Il regardait tomber autour de lui ses branches.
Chefs, soldats, tous mouraient. Chacun avait son tour.
Tandis qu'environnant sa tente avec amour,   56
Voyant son ombre aller et venir sur la toile,
Ceux qui restaient, croyant toujours à son étoile,

Accusaient le destin de lèse-majesté,
Lui se sentit soudain dans l'âme épouvanté.   60
Stupéfait du désastre et ne sachant que croire,
L'empereur se tourna vers Dieu; l'homme de gloire
Trembla; Napoléon comprit qu'il expiait
Quelque chose peut-être, et, livide, inquiet,   64
Devant ses légions sur la neige semées :
— Est-ce le châtiment, dit-il, Dieu des armées ?
Alors il s'entendit appeler par son nom
Et quelqu'un qui parlait dans l'ombre lui dit : Non.   68

Les Châtiments V, xiii, 1853

(2) l'aigle—Napoleon's emblem but also Napoleon   (36) References to the
ultimate defeat of the invading conquerors Hannibal (by Scipio Africanus
in 202 B.C.) and Attila (by the Merovingians in 451 A.D.)   (38) A reference
to the crossing of the Beresina, November 26–28, 1812   (40) Marshal Ney,
one of Napoleon's chief officers and a hero of the Russian campaign   (46)
hommes fauves—guerillas

2. WATERLOO

Waterloo ! Waterloo ! Waterloo ! morne plaine !
Comme une onde qui bout dans une urne trop pleine,
Dans ton cirque de bois, de coteaux, de vallons,
La pâle mort mêlait les sombres bataillons.   4
D'un côté c'est l'Europe et de l'autre la France.
Choc sanglant ! des héros Dieu trompait l'espérance;
Tu désertais, victoire, et le sort était las.
O Waterloo ! je pleure et je m'arrête, hélas !   8
Car ces derniers soldats de la dernière guerre
Furent grands; ils avaient vaincu toute la terre,
Chassé vingt rois, passé les Alpes et le Rhin,
Et leur âme chantait dans les clairons d'airain !   12

Le soir tombait; la lutte était ardente et noire.
Il avait l'offensive et presque la victoire;
Il tenait Wellington acculé sur un bois.
Sa lunette à la main il observait parfois   16
Le centre du combat, point obscur où tressaille
La mêlée, effroyable et vivante broussaille,

Et parfois l'horizon, sombre comme la mer.
Soudain, joyeux, il dit : Grouchy ! — C'était Blücher !   20
L'espoir changea de camp, le combat changea d'âme,
La mêlée en hurlant grandit comme une flamme.
La batterie anglaise écrasa nos carrés.
La plaine, où frissonnaient nos drapeaux déchirés,   24
Ne fut plus, dans les cris des mourants qu'on égorge,
Qu'un gouffre flamboyant, rouge comme une forge;
Gouffre où les régiments, comme des pans de murs,
Tombaient, où se couchaient comme des épis mûrs   28
Les hauts tambours-majors aux panaches énormes,
Où l'on entrevoyait des blessures difformes !
Carnage affreux ! moment fatal ! L'homme inquiet
Sentit que la bataille entre ses mains pliait.   32
Derrière un mamelon la garde était massée,
La garde, espoir suprême et suprême pensée !
— Allons ! faites donner la garde, cria-t-il, —
Et lanciers, grenadiers, aux guêtres de coutil,   36
Dragons que Rome eût pris pour des légionnaires,
Cuirassiers, canonniers qui traînaient des tonnerres,
Portant le noir colback ou le casque poli,
Tous, ceux de Friedland et ceux de Rivoli,   40
Comprenant qu'ils allaient mourir dans cette fête,
Saluèrent leur dieu, debout dans la tempête.
Leur bouche, d'un seul cri, dit : vive l'empereur !
Puis, à pas lents, musique en tête, sans fureur,   44
Tranquille, souriant à la mitraille anglaise,
La garde impériale entra dans la fournaise.
Hélas ! Napoléon, sur sa garde penché,
Regardait; et, sitôt qu'ils avaient débouché   48
Sous les sombres canons crachant des jets de soufre,
Voyait, l'un après l'autre, en cet horrible gouffre,
Fondre ces régiments de granit et d'acier,
Comme fond une cire au souffle d'un brasier.   52
Ils allaient, l'arme au bras, front haut, graves, stoïques,
Pas un ne recula. Dormez, morts héroïques !
Le reste de l'armée hésitait sur leurs corps
Et regardait mourir la garde. — C'est alors   56
Qu'élevant tout à coup sa voix désespérée,
La Déroute, géante à la face effarée,

Qui, pâle, épouvantant les plus fiers bataillons,
Changeant subitement les drapeaux en haillons,　　　　60
A de certains moments, spectre fait de fumées,
Se lève grandissante au milieu des armées,
La Déroute apparut au soldat qui s'émeut,
Et, se tordant les bras, cria : Sauve qui peut !　　　　64
Sauve qui peut ! — affront ! horreur ! — toutes les bouches
Criaient; à travers champs, fous, éperdus, farouches,
Comme si quelque souffle avait passé sur eux,
Parmi les lourds caissons et les fourgons poudreux,　　　　68
Roulant dans les fossés, se cachant dans les seigles,
Jetant shakos, manteaux, fusils, jetant les aigles,
Sous les sabres prussiens, ces vétérans, ô deuil !
Tremblaient, hurlaient, pleuraient, couraient. — En un
　　　　clin d'œil,　　　　72
Comme s'envole au vent une paille enflammée,
S'évanouit ce bruit qui fut la grande armée,
Et cette plaine, hélas ! où l'on rêve aujourd'hui,
Vit fuir ceux devant qui l'univers avait fui !　　　　76
Quarante ans sont passés, et ce coin de la terre,
Waterloo, ce plateau funèbre et solitaire,
Ce champ sinistre où Dieu mêla tant de néants,
Tremble encor d'avoir vu la fuite des géants !　　　　80

Napoléon les vit s'écouler comme un fleuve;
Hommes, chevaux, tambours, drapeaux; — et dans l'épreuve
Sentant confusément revenir son remords,
Levant les mains au ciel, il dit : — Mes soldats morts,　　　　84
Moi vaincu ! mon empire est brisé comme verre.
Est-ce le châtiment cette fois, Dieu sévère ? —
Alors parmi les cris, les rumeurs, le canon,
Il entendit la voix qui lui répondait : Non !　　　　88

Les Châtiments V, xiii, 1853

(3) cirque—amphitheatre, basin　(20) Napoleon expected French reinforcements under Grouchy. Instead it was the Germans under Blücher.　(35) faites donner—send out　(37) Because of the Roman-style helmet, but also perhaps because of their indomitable courage　(39) colback—busby or bearskin　(40) Great French victories of 1807, 1797　(48) débouché—emerged (64) Sauve qui peut—"Every man for himself!"

DEMAIN, DÈS L'AUBE

Demain, dès l'aube, à l'heure où blanchit la campagne,
Je partirai. Vois-tu, je sais que tu m'attends.
J'irai par la forêt, j'irai par la montagne.
Je ne puis demeurer loin de toi plus longtemps.   4

Je marcherai les yeux fixés sur mes pensées,
Sans rien voir au dehors, sans entendre aucun bruit,
Seul, inconnu, le dos courbé, les mains croisées,
Triste, et le jour pour moi sera comme la nuit.   8

Je ne regarderai ni l'or du soir qui tombe,
Ni les voiles au loin descendant vers Harfleur,
Et quand j'arriverai, je mettrai sur ta tombe
Un bouquet de houx vert et de bruyère en fleur.   12

Les Contemplations IV, xiv

This poem is dated September 3, 1847. Hugo's daughter Léopoldine was drowned with her husband in the Seine near Villequier on September 4, 1843. Harfleur (1. 10) is a little further downstream, near Le Havre.

PASTEURS ET TROUPEAUX

A Madame Louise C.

Le vallon où je vais tous les jours est charmant,
Serein, abandonné, seul sous·le firmament,
Plein de ronces en fleurs; c'est un sourire triste.
Il vous fait oublier que quelque chose existe,   4
Et, sans le bruit des champs remplis de travailleurs,
On ne saurait plus là si quelqu'un vit ailleurs.
Là, l'ombre fait l'amour; l'idylle naturelle
Rit; le bouvreuil avec le verdier s'y querelle,   8
Et la fauvette y met de travers son bonnet;
C'est tantôt l'aubépine et tantôt le genêt;
De noirs granits bourrus, puis des mousses riantes;
Car Dieu fait un poëme avec des variantes;   12
Comme le vieil Homère, il rabâche parfois,
Mais c'est avec les fleurs, les monts, l'onde et les bois!
Une petite mare est là, ridant sa face,
Prenant des airs de flot pour la fourmi qui passe,   16

Ironie étalée au milieu du gazon,
Qu'ignore l'océan grondant à l'horizon.
J'y rencontre parfois sur la roche hideuse
Un doux être; quinze ans, yeux bleus, pieds nus,
      gardeuse   20
De chèvres, habitant, au fond d'un ravin noir,
Un vieux chaume croulant qui s'étoile le soir;
Ses sœurs sont au logis et filent leur quenouille;
Elle essuie aux roseaux ses pieds que l'étang mouille;   24
Chèvres, brebis, béliers, paissent; quand, sombre esprit,
J'apparais, le pauvre ange a peur, et me sourit;
Et moi, je la salue, elle étant l'innocence.
Ses agneaux, dans le pré plein de fleurs qui l'encense,   28
Bondissent, et chacun, au soleil s'empourprant,
Laisse aux buissons, à qui la bise le reprend,
Un peu de sa toison, comme un flocon d'écume.
Je passe; enfant, troupeau, s'effacent dans la brume;   32
Le crépuscule étend sur les longs sillons gris
Ses ailes de fantôme et de chauve-souris;
J'entends encore au loin dans la plaine ouvrière
Chanter derrière moi la douce chevrière;   36
Et, là-bas, devant moi, le vieux gardien pensif
De l'écume, du flot, de l'algue, du récif,
Et des vagues sans trêve et sans fin remuées,
Le pâtre promontoire au chapeau de nuées,   40
S'accoude et rêve au bruit de tous les infinis,
Et dans l'ascension des nuages bénis,
Regarde se lever la lune triomphale,
Pendant que l'ombre tremble, et que l'âpre rafale   44
Disperse à tous les vents avec son souffle amer
La laine des moutons sinistres de la mer.

Les Contemplations V, xxiii

This poem was most likely composed at Grouville on the island of Jersey in
April 1855. The Louise C. to whom it is dedicated is Louise Colet, the
writer, who is best known because of her friendship with Flaubert.

(8) verdier—greenfinch   (22) An obscure reference: Is it the stars which
are seen from the inside through the poor thatch roof, or the cottage itself
which shows light through windows or chinks in the wall to a passerby? Or
is Hugo thinking of the cottage "lighted up" at night by the presence of the

shepherdess? (29) *s'empourprant* refers to the setting sun (35) la plaine ouvrière—the fertile or inhabited plain (46) a pun, since *moutons* means both sheep and white-caps.

SAISON DES SEMAILLES

LE SOIR

C'est le moment crépusculaire.
J'admire, assis sous un portail,
Ce reste de jour dont s'éclaire
La dernière heure du travail.   4

Dans les terres, de nuit baignées,
Je contemple, ému, les haillons
D'un vieillard qui jette à poignées
La moisson future aux sillons.   8

Sa haute silhouette noire
Domine les profonds labours.
On sent à quel point il doit croire
A la fuite utile des jours.   12

Il marche dans la plaine immense,
Va, vient, lance la graine au loin,
Rouvre sa main, et recommence,
Et je médite, obscur témoin,   16

Pendant que, déployant ses voiles,
L'ombre, où se mêle une rumeur,
Semble élargir jusqu'aux étoiles
Le geste auguste du semeur.   20

Chansons des rués et des bois, 1865

(II *Sagesse,* i: Ama, crede 3)

This poem was inspired by Millet's picture "The Sower." It was composed between La Roche and Rochefort September 23, 1859. The third stanza was added later.

(20) The lengthening shadow of the sower causes this effect.

LA CONSCIENCE

Lorsque avec ses enfants vêtus de peaux de bêtes,
Echevelé, livide au milieu des tempêtes,
Caïn se fut enfui de devant Jéhovah,
Comme le soir tombait, l'homme sombre arriva   4
Au bas d'une montagne en une grande plaine;
Sa femme fatiguée et ses fils hors d'haleine
Lui dirent : « Couchons-nous sur la terre, et dormons. »
Caïn, ne dormant pas, songeait au pied des monts.   8
Ayant levé la tête, au fond des cieux funèbres
Il vit un œil, tout grand ouvert dans les ténèbres,
Et qui le regardait dans l'ombre fixement.
« Je suis trop près, » dit-il avec un tremblement.   12
Il réveilla ses fils dormant, sa femme lasse,
Et se remit à fuir sinistre dans l'espace.
Il marcha trente jours, il marcha trente nuits.
Il allait, muet, pâle et frémissant aux bruits,   16
Furtif, sans regarder derrière lui, sans trêve,
Sans repos, sans sommeil; il atteignit la grève
Des mers dans le pays qui fut depuis Assur.
« Arrêtons-nous, dit-il, car cet asile est sûr.   20
Restons-y. Nous avons du monde atteint les bornes. »
Et, comme il s'asseyait, il vit dans les cieux mornes
L'œil à la même place au fond de l'horizon.
Alors il tressaillit en proie au noir frisson.   24
« Cachez-moi ! » cria-t-il; et, le doigt sur la bouche,
Tous ses fils regardaient trembler l'aïeul farouche.
Caïn dit à Jabel, père de ceux qui vont
Sous des tentes de poil dans le désert profond :   28
« Etends de ce côté la toile de la tente. »
Et l'on développa la muraille flottante;
Et, quand on l'eut fixée avec des poids de plomb :
« Vous ne voyez plus rien ? » dit Tsilla, l'enfant blond,   32
La fille de ses fils, douce comme l'aurore;
Et Caïn répondit : « Je vois cet œil encore ! »
Jubal, père de ceux qui passent dans les bourgs
Soufflant dans des clairons et frappant des tambours,   36
Cria : « Je saurai bien construire une barrière. »
Il fit un mur de bronze et mit Caïn derrière.
Et Caïn dit : Cet œil me regarde toujours ! »

Hénoch dit : « Il faut faire une enceinte de tours   40
Si terrible, que rien ne puisse approcher d'elle.
Bâtissons une ville avec sa citadelle,
Bâtissons une ville, et nous la fermerons. »
Alors Tubalcaïn, père des forgerons,   44
Construisit une ville énorme et surhumaine.
Pendant qu'il travaillait, ses frères, dans la plaine,
Chassaient les fils d'Enos et les enfants de Seth;
Et l'on crevait les yeux à quiconque passait;   48
Et, le soir, on lançait des flèches aux étoiles.
Le granit remplaça la tente aux murs de toiles,
On lia chaque bloc avec des nœuds de fer,
Et la ville semblait une ville d'enfer;   52
L'ombre des tours faisait la nuit dans les campagnes;
Ils donnèrent aux murs l'épaisseur des montagnes;
Sur la porte on grava : « Défense à Dieu d'entrer. »
Quand ils eurent fini de clore et de murer,   56
On mit l'aïeul au centre en une tour de pierre;
Et lui restait lugubre et hagard. « O mon père !
L'œil a-t-il disparu ? » dit en tremblant Tsilla.
Et Caïn répondit : « Non, il est toujours là. »   60
Alors il dit : « Je veux habiter sous la terre
Comme dans son sépulcre un homme solitaire;
Rien ne me verra plus, je ne verrai plus rien. »
On fit donc une fosse, et Caïn dit : « C'est bien ! »   64
Puis il descendit seul sous cette voûte sombre.
Quand il se fut assis sur sa chaise dans l'ombre
Et qu'on eut sur son front fermé le souterrain,
L'œil était dans la tombe et regardait Caïn.   68

La Légende des siècles, 1859
(II *D'Eve à Jésus*, ii)

This poem was probably written between 1852 and 1855. The principal sources are Genesis 4 and Psalm 139.

(19) Probably Assyria, whose original capital was Assur.   (32) This is an anachronism, since Tsilla was the mother of Tubalcain (l. 44).

Alfred de Musset

ALFRED DE MUSSET (1810–1857) belonged to a distinguished family. After brilliant studies, he became a popular member of fashionable society and began to write poetry and plays. The great event in Musset's life was an unhappy love affair with George Sand (1833–4), which inspired his most poignant works (the "*Nuits*," *On ne badine pas avec l'amour*, and so on) but left him broken in spirit.

LA NUIT DE MAI

LA MUSE

Poète, prends ton luth et me donne un baiser;
La fleur de l'églantier sent ses bourgeons éclore.
Le printemps naît ce soir; les vents vont s'embraser;
Et la bergeronnette, en attendant l'aurore,   4
Aux premiers buissons verts commence à se poser.
Poète, prends ton luth, et me donne un baiser.

LE POÈTE

Comme il fait noir dans la vallée !
J'ai cru qu'une forme voilée   8
Flottait là-bas sur la forêt.
Elle sortait de la prairie;
Son pied rasait l'herbe fleurie;
C'est une étrange rêverie;   12
Elle s'efface et disparaît.

LA MUSE

Poète, prends ton luth; la nuit, sur la pelouse,
Balance le zéphyr dans son voile odorant.
La rose, vierge encor, se referme jalouse   16
Sur le frelon nacré qu'elle enivre en mourant.
Ecoute ! tout se tait; songe à ta bien-aimée.
Ce soir, sous les tilleuls, à la sombre ramée
Le rayon du couchant laisse un adieu plus doux.   20
Ce soir, tout va fleurir : l'immortelle nature
Se remplit de parfums, d'amour et de murmure,
Comme le lit joyeux de deux jeunes époux.

Pourquoi mon cœur bat-il si vite ?   24
Qu'ai-je donc en moi qui s'agite
Dont je me sens épouvanté ?
Ne frappe-t-on pas à ma porte ?
Pourquoi ma lampe à demi morte   28
M'éblouit-elle de clarté ?
Dieu puissant ! tout mon corps frissonne.
Qui vient ? qui m'appelle ? — Personne.
Je suis seul; c'est l'heure qui sonne;   32
O solitude ! ô pauvreté !

Poète, prends ton luth; le vin de la jeunesse
Fermente cette nuit dans les veines de Dieu.
Mon sein est inquiet; la volupté l'oppresse,   36
Et les vents altérés m'ont mis la lèvre en feu.
O paresseux enfant ! regarde, je suis belle.
Notre premier baiser, ne t'en souviens-tu pas,
Quand je te vis si pâle au toucher de mon aile,   40
Et que, les yeux en pleurs, tu tombas dans mes bras ?
Ah ! Je t'ai consolé d'une amère souffrance !
Hélas ! bien jeune encor, tu te mourais d'amour.
Console-moi ce soir, je me meurs d'espérance;   44
J'ai besoin de prier pour vivre jusqu'au jour.

Est-ce toi dont la voix m'appelle,
O ma pauvre Muse ! est-ce toi ?
O ma fleur ! ô mon immortelle !   48
Seul être pudique et fidèle
Où vive encor l'amour de moi !
Oui, te voilà, c'est toi, ma blonde,
C'est toi, ma maîtresse et ma sœur !   52
Et je sens, dans la nuit profonde,
De ta robe d'or qui m'inonde
Les rayons glisser dans mon cœur.

LA MUSE

Poëte, prends ton luth; c'est moi, ton immortelle,   56
Qui t'ai vu cette nuit triste et silencieux,
Et qui, comme un oiseau que sa couvée appelle,
Pour pleurer avec toi descends du haut des cieux.
Viens, tu souffres, ami. Quelque ennui solitaire   60
Te ronge, quelque chose a gémi dans ton cœur;
Quelque amour t'est venu, comme on en voit sur terre,
Une ombre de plaisir, un semblant de bonheur.
Viens, chantons devant Dieu; chantons dans tes
                    pensées,   64
Dans tes plaisirs perdus, dans tes peines passées;
Partons, dans un baiser, pour un monde inconnu.
Eveillons au hasard les échos de ta vie,
Parlons-nous de bonheur, de gloire et de folie,   68
Et que ce soit un rêve, et le premier venu.
Inventons quelque part des lieux où l'on oublie;
Partons, nous sommes seuls, l'univers est à nous.
Voici la verte Ecosse et la brune Italie,   72
Et la Grèce, ma mère, où le miel est si doux,
Argos, et Ptéléon, ville des hécatombes,
Et Messa la divine, agréable aux colombes;
Et le front chevelu du Pélion changeant;   76
Et le bleu Titarèse, et le golfe d'argent
Qui montre dans ses eaux, où le cygne se mire,
La blanche Oloossone à la blanche Camyre.
Dis-moi, quel songe d'or nos chants vont-ils bercer ?   80
D'où vont venir les pleurs que nous allons verser ?
Ce matin, quand le jour a frappé ta paupière,
Quel séraphin pensif, courbé sur ton chevet,
Secouait des lilas dans sa robe légère,   84
Et te contait tout bas les amours qu'il rêvait ?
Chanterons-nous l'espoir, la tristesse ou la joie ?
Tremperons-nous de sang les bataillons d'acier ?
Suspendrons-nous l'amant sur l'échelle de soie ?   88
Jetterons-nous au vent l'écume du coursier ?
Dirons-nous quelle main, dans les lampes sans nombre
De la maison céleste, allume nuit et jour
L'huile sainte de vie et d'éternel amour ?   92
Crierons-nous à Tarquin : « Il est temps, voici
                    l'ombre ! »

Descendrons-nous cueillir la perle au fond des mers ?
Mènerons-nous la chèvre aux ébéniers amers ?
Montrerons-nous le ciel à la Mélancolie ?   96
Suivrons-nous le chasseur sur les monts escarpés ?
La biche le regarde; elle pleure et supplie;
Sa bruyère l'attend; ses faons sont nouveau-nés;
Il se baisse, il l'égorge, il jette à la curée   100
Sur les chiens en sueur son cœur encor vivant.
Peindrons-nous une vierge à la joue empourprée,
S'en allant à la messe, un page la suivant,
Et d'un regard distrait, à côté de sa mère,   104
Sur la lèvre entr'ouverte oubliant sa prière ?
Elle écoute en tremblant, dans l'écho du pilier,
Résonner l'éperon d'un hardi cavalier.
Dirons-nous aux héros des vieux temps de la France   108
De monter tout armés aux créneaux de leurs tours,
Et de ressusciter la naïve romance
Que leur gloire oubliée apprit aux troubadours ?
Vêtirons-nous de blanc une molle élégie ?   112
L'homme de Waterloo nous dira-t-il sa vie,
Et ce qu'il a fauché du troupeau des humains
Avant que l'envoyé de la nuit éternelle
Vînt sur son tertre vert l'abattre d'un coup d'aile,   116
Et sur son cœur de fer lui croiser les deux mains ?
Clouerons-nous au poteau d'une satire altière
Le nom sept fois vendu d'un pâle pamphlétaire,
Qui, poussé par la faim, du fond de son oubli,   120
S'en vient, tout grelottant d'envie et d'impuissance,
Sur le front du génie insulter l'espérance,
Et mordre le laurier que son souffle a sali ?
Prends ton luth ! prends ton luth ! je ne peux plus
    me taire;   124
Mon aile me soulève au souffle du printemps.
Le vent va m'emporter; je vais quitter la terre.
Une larme de toi ! Dieu m'écoute; il est temps.

LE POÈTE

S'il ne te faut, ma sœur chérie,   128
Qu'un baiser d'une lèvre amie
Et qu'une larme de mes yeux,

Je te les donnerai sans peine;
De nos amours qu'il te souvienne,   *132*
Si tu remontes dans les cieux.
Je ne chante ni l'espérance,
Ni la gloire, ni le bonheur,
Hélas! pas même la souffrance.   *136*
La bouche garde le silence
Pour écouter parler le cœur.

LA MUSE

Crois-tu donc que je sois comme le vent d'automne,
Qui se nourrit de pleurs jusque sur un tombeau,   *140*
Et pour qui la douleur n'est qu'une goutte d'eau?
O poète! un baiser, c'est moi qui te le donne.
L'herbe que je voulais arracher de ce lieu,
C'est ton oisiveté; ta douleur est à Dieu.   *144*
Quel que soit le souci que ta jeunesse endure,
Laisse-la s'élargir, cette sainte blessure
Que les noirs séraphins t'ont faite au fond du cœur;
Rien ne nous rend si grands qu'une grande douleur.   *148*
Mais, pour en être atteint, ne crois pas, ô poète,
Que ta voix ici-bas doive rester muette.
Les plus désespérés sont les chants les plus beaux,
Et j'en sais d'immortels qui sont de purs sanglots. *152*
Lorsque le pélican, lassé d'un long voyage,
Dans les brouillards du soir retourne à ses roseaux,
Ses petits affamés courent sur le rivage
En le voyant au loin s'abattre sur les eaux.   *156*
Déjà, croyant saisir et partager leur proie,
Ils courent à leur père avec des cris de joie
En secouant leurs becs sur leurs goîtres hideux.
Lui, gagnant à pas lents une roche élevée,   *160*
De son aile pendante abritant sa couvée,
Pêcheur mélancolique, il regarde les cieux.
Le sang coule à longs flots de sa poitrine ouverte;
En vain il a des mers fouillé la profondeur;   *164*
L'Océan était vide et la plage déserte;
Pour toute nourriture il apporte son cœur.
Sombre et silencieux, étendu sur la pierre,
Partageant à ses fils ses entrailles de père,   *168*

Dans son amour sublime il berce sa douleur,
Et, regardant couler sa sanglante mamelle,
Sur son festin de mort il s'affaisse et chancelle,
Ivre de volupté, de tendresse et d'horreur.   172
Mais parfois, au milieu du divin sacrifice,
Fatigué de mourir dans un trop long supplice,
Il craint que ses enfants ne le laissent vivant;
Alors il se soulève, ouvre son aile au vent,   176
Et, se frappant le cœur avec un cri sauvage,
Il pousse dans la nuit un si funèbre adieu,
Que les oiseaux des mers désertent le rivage,
Et que le voyageur attardé sur la plage,   180
Sentant passer la mort, se recommande à Dieu.
Poète, c'est ainsi que font les grands poètes,
Ils laissent s'égayer ceux qui vivent un temps;
Mais les festins humains qu'ils servent à leurs fêtes   184
Ressemblent la plupart à ceux des pélicans.
Quand ils parlent ainsi d'espérances trompées,
De tristesse et d'oubli, d'amour et de malheur,
Ce n'est pas un concert à dilater le cœur.   188
Leurs déclamations sont comme des épées:
Elles tracent dans l'air un cercle éblouissant,
Mais il y pend toujours quelque goutte de sang.

LE POÈTE

O Muse! spectre insatiable,   192
Ne m'en demande pas si long.
L'homme n'écrit rien sur le sable
A l'heure où passe l'aquilon.
J'ai vu le temps où ma jeunesse   196
Sur mes lèvres était sans cesse
Prête à chanter comme un oiseau;
Mais j'ai souffert un dur martyre,
Et le moins que j'en pourrais dire,   200
Si je l'essayais sur ma lyre,
La briserait comme un roseau.

This poem was written in May 1835, a few months after Musset's break with George Sand. It was first published in the *Revue des Deux Mondes*, June 15, 1835, and then included in the *Poésies complètes*, 1840.

(74) All the names cited are to be found in Canto II of the *Iliad*. Pteleon is a city in Thessaly. (75) Messa is a city in Laconia. (76) Mt. Pelion in Thessaly. (77) The Titaresius is a river of Thessaly. (79) Oloösson is a city of Thessaly, Camyria one on the west coast of Rhodes. (93) Sextus Tarquin, whose victim was Lucretia. (113) Napoleon (153) The legend of the pelican's self-sacrifice is a very ancient one. In religion, it is most commonly used as a symbol for Christ. It had already been employed as a symbol for the writer by Thomas Nashe, Goethe, and Byron.

TRISTESSE

J'ai perdu ma force et ma vie,
Et mes amis et ma gaîté;
J'ai perdu jusqu'à la fierté
Qui faisait croire à mon génie.   4

Quand j'ai connu la Vérité
J'ai cru que c'était une amie;
Quand je l'ai comprise et sentie,
J'en étais déjà dégoûté.   8

Et pourtant elle est éternelle,
Et ceux qui se sont passés d'elle,
Ici-bas ont tout ignoré.   11

Dieu parle, il faut qu'on lui réponde;
Le seul bien qui me reste au monde
Est d'avoir quelquefois pleuré.   14

Poésies nouvelles

This sonnet was composed June 14, 1840 at Bury. It was first published in the *Revue des Deux Mondes*, December 1, 1841.

SUR UNE MORTE

Elle était belle, si la Nuit
Qui dort dans la sombre chapelle
Où Michel-Ange a fait son lit,
Immobile peut être belle.   4

Elle était bonne, s'il suffit
Qu'en passant la main s'ouvre et donne,
Sans que Dieu n'ait rien vu, rien dit :
Si l'or sans pitié fait l'aumône.   8

Elle pensait, si le vain bruit
D'une voix douce et cadencée,
Comme le ruisseau qui gémit,
Peut faire croire à la pensée.   12

Elle priait, si deux beaux yeux,
Tantôt s'attachant à la terre,
Tantôt se levant vers les cieux,
Peuvent s'appeler la prière.   16

Elle aurait souri, si la fleur
Qui ne s'est point épanouie
Pouvait s'ouvrir à la fraîcheur
Du vent qui passe et qui l'oublie.   20

Elle aurait pleuré, si sa main,
Sur son cœur froidement posée,
Eût jamais dans l'argile humain
Senti la céleste rosée.   24

Elle aurait aimé, si l'orgueil,
Pareil à la lampe inutile
Qu'on allume près d'un cercueil,
N'eût veillé sur son cœur stérile.   28

Elle est morte, et n'a point vécu.
Elle faisait semblant de vivre.
De ses mains est tombé le livre
Dans lequel elle n'a rien lu.   32

Poésies nouvelles

(*Poésies complémentaires*)

This poem was directed against the Princess Christine Trivulce de Belgiojoso, with whom Musset was temporarily annoyed. It was published October 1, 1842, in the *Revue des Deux Mondes* but was not included in Musset's collected works until 1860 after his death.

(1–4) The tomb of Pope Clement VII at San Lorenzo, Florence.   (23) *argile* should be feminine.

Théophile Gautier

THÉOPHILE GAUTIER (1811–1872) started out as a painter, but he soon
turned to literature. He gained a livelihood as a journalist and critic,
writing poetry and novels in his spare time. Gautier excels in descriptions,
and one can see in them the influence of his early interest and training in
the plastic arts.

LE SPECTRE DE LA ROSE

Soulève ta paupière close
Qu'effleure un songe virginal;
Je suis le spectre d'une rose
Que tu portais hier au bal.   4
Tu me pris encore emperlée
Des pleurs d'argent de l'arrosoir,
Et parmi la fête étoilée
Tu me promenas tout le soir.   8

O toi qui de ma mort fus cause,
Sans que tu puisses le chasser,
Toute la nuit mon spectre rose
A ton chevet viendra danser.   12
Mais ne crains rien, je ne réclame
Ni messe ni *De profundis*;
Ce léger parfum est mon âme,
Et j'arrive du paradis.   16

Mon destin fut digne d'envie :
Pour avoir un trépas si beau
Plus d'un aurait donné sa vie,
Car j'ai ta gorge pour tombeau,   20
Et sur l'albâtre où je repose
Un poète avec un baiser
Ecrivit : Ci-gît une rose
Que tous les rois vont jalouser.   24

Poésies diverses, 1833–1838

This poem, composed in 1837, has been made the subject of a famous ballet.
(14) *De profundis*—Psalm 130, part of the office of the dead   (23) Ci-gît—
Here lies

LE PIN DES LANDES

On ne voit en passant par les Landes désertes,
Vrai Sahara français, poudré de sable blanc,
Surgir de l'herbe sèche et des flaques d'eaux vertes
D'autre arbre que le pin avec sa plaie au flanc;   4

Car, pour lui dérober ses larmes de résine,
L'homme, avare bourreau de la création,
Qui ne vit qu'aux dépens de ceux qu'il assassine,
Dans son tronc douloureux ouvre un large sillon!   8

Sans regretter son sang qui coule goutte à goutte,
Le pin verse son baume et sa sève qui bout,
Et se tient toujours droit sur le bord de la route,
Comme un soldat blessé qui veut mourir debout.   12

Le poète est ainsi dans les Landes du monde:
Lorsqu'il est sans blessure, il garde son trésor.
Il faut qu'il ait au coeur une entaille profonde
Pour épancher ses vers, divines larmes d'or!   16

España, 1845

This poem is dated 1840. Les Landes is an arid part of France south of Bordeaux and adjacent to the Pyrenees Mountains, which separate France and Spain.

LA PETITE FLEUR ROSE

Du haut de la montagne,
Près de Guadarrama,
On découvre l'Espagne
Comme un panorama.   4

A l'horizon sans borne,
Le grave Escurial
Lève son dôme morne,
Noir de l'ennui royal;   8

Et l'on voit dans l'estompe
Du brouillard cotonneux,
Si loin que l'œil s'y trompe,
Madrid, point lumineux!   12

La montagne est si haute,
Que ses flancs de granit
N'ont que l'aigle pour hôte,
Pour maison que son nid;   16

Car l'hiver pâle assiège
Les pics étincelants,
Tout argentés de neige,
Comme des vieillards blancs.   20

J'aime leur crête pure,
Même aux tièdes saisons
D'une froide guipure
Bordant les horizons;   24

Les nuages sublimes,
Ainsi que d'un turban,
Chaperonnant leurs cimes
De pluie et d'ouragan;   28

Le pin, dont les racines,
Comme de fortes mains,
Déchirent les ravines
Sur le flanc des chemins,   32

Et l'eau diamantée
Qui, sous l'herbe courant,
D'un caillou tourmentée,
Chuchote un nom bien grand!   36

Mais, avant toute chose,
J'aime, au cœur du rocher,
La petite fleur rose,
La fleur qu'il faut chercher!   40

España, 1845

This poem was written at Guadarrama in 1840.

(6) The Escurial palace, about thirty miles from Madrid, was the principal residence of the Spanish kings. It was begun by Phillip II in 1563.

L'ART

Oui, l'œuvre sort plus belle
D'une forme au travail
    Rebelle,
Vers, marbre, onyx, émail.   4

Point de contraintes fausses !
Mais que pour marcher droit
  Tu chausses,
Muse, un cothurne étroit.   8

Fi du rythme commode,
Comme un soulier trop grand,
  Du mode
Que tout pied quitte et prend !   12

Statuaire, repousse
L'argile que pétrit
  Le pouce
Quand flotte ailleurs l'esprit.   16

Lutte avec le carrare,
Avec le paros dur
  Et rare,
Gardiens du contour pur;   20

Emprunte à Syracuse
Son bronze où fermement
  S'accuse
Le trait fier et charmant;   24

D'une main délicate
Poursuis dans un filon
  D'agate
Le profil d'Apollon.   28

Peintre, fuis l'aquarelle,
Et fixe la couleur
  Trop frêle
Au four de l'émailleur;   32

Fais les sirènes bleues,
Tordant de cent façons
  Leurs queues,
Les monstres des blasons;   36

Dans son nimbe trilobe
La Vierge et son Jésus,
  Le globe
Avec la croix dessus.   40

Tout passe. — L'art robuste
Seul a l'éternité,
    Le buste
Survit à la cité,   44

Et la médaille austère
Que trouve un laboureur
    Sous terre
Révèle un empereur.   48

Les dieux eux-mêmes meurent,
Mais les vers souverains
    Demeurent
Plus forts que les airains.   52

Sculpte, lime, cisèle;
Que ton rêve flottant
    Se scelle
Dans le bloc résistant!   56

Emaux et camées, 1858

(5) fausses—useless (8) cothurne—buskin (the type of raised shoes worn by Greek tragic actors) (18) Parian marble and marble from Carrara are very beautiful but extremely hard. (21) Sicilian bronzes were celebrated in antiquity. (37) nimbe trilobe—three-lobed halo (representing the Trinity)

NOEL

Le ciel est noir, la terre est blanche;
— Cloches, carillonnez gaîment! —
Jésus est né. — La Vierge penche
Sur lui son visage charmant.   4

Pas de courtines festonnées
Pour préserver l'enfant du froid;
Rien que les toiles d'araignées
Qui pendent des poutres du toit.   8

Il tremble sur la paille fraîche,
Ce cher petit enfant Jésus,
Et pour l'échauffer dans sa crèche
L'âne et le bœuf soufflent dessus.   *12*

La neige au chaume coud ses franges,
Mais sur le toit s'ouvre le ciel
Et, tout en blanc, le chœur des anges
Chante aux bergers : « Noël! Noël!»   *16*

Emaux et camées, 1863

Charles Baudelaire

CHARLES BAUDELAIRE (1821–1867) spent most of his life in Paris, though one can see in some of his poetry the influence of an early voyage he made to the East Indies. His mother and stepfather had encouraged this trip in the hope that it would make Baudelaire forget about following a literary career. When Baudelaire returned to France he extravagantly spent the inheritance he received at the age of twenty-one from his own father's estate. He was then drawn into the bohemian artistic circles of the times, where, in particular, he formed an unhappy liaison with an unscrupulous woman, Jeanne Duval.

Baudelaire is a superlative craftsman but his poetry reveals the tormented soul torn between sordid ugliness and beauty, despondency and hope, "satanism" and religion. Baudelaire was obsessed by this "spleen et idéal," as he called it, and his *Fleurs du mal*, first published in 1857, so shocked the public that the poet was brought to trial and heavily fined.

The influence of Baudelaire has been tremendous, and he is regarded by many as the greatest poet in any language in the nineteenth century.

L'ALBATROS

Souvent, pour s'amuser, les hommes d'équipage
Prennent des albatros, vastes oiseaux des mers,
Qui suivent, indolents compagnons de voyage,
Le navire glissant sur les gouffres amers.   4

A peine les ont-ils déposés sur les planches,
Que ces rois de l'azur, maladroits et honteux,
Laissent piteusement leurs grandes ailes blanches
Comme des avirons traîner à côté d'eux.   8

Ce voyageur ailé, comme il est gauche et veule!
Lui, naguère si beau, qu'il est comique et laid!
L'un agace son bec avec un brûle-gueule,
L'autre mime, en boitant, l'infirme qui volait!   12

Le Poëte est semblable au prince des nuées
Qui hante la tempête et se rit de l'archer;
Exilé sur le sol au milieu des huées,
Ses ailes de géant l'empêchent de marcher.   16

Les Fleurs du mal, 1861
(*Spleen et Idéal*, ii)

This poem was possibly inspired by events on the voyage Baudelaire took to
Mauritius in 1841. The third verse was added at the suggestion of a friend to
whom Baudelaire sent the poem in a letter dated February 20, 1859. The
complete version was first published in the *Revue française* for April 10 of
that same year.

CORRESPONDANCES

La Nature est un temple où de vivants piliers
Laissent parfois sortir de confuses paroles;
L'homme y passe à travers des forêts de symboles
Qui l'observent avec des regards familiers.   4

Comme de longs échos qui de loin se confondent
Dans une ténébreuse et profonde unité,
Vaste comme la nuit et comme la clarté,
Les parfums, les couleurs et les sons se répondent.   8

Il est des parfums frais comme des chairs d'enfants,
Doux comme les hautbois, verts comme les prairies,
— Et d'autres, corrompus, riches et triomphants,   11

Ayant l'expansion des choses infinies,
Comme l'ambre, le musc, le benjoin et l'encens,
Qui chantent les transports de l'esprit et des sens.   14

Les Fleurs du mal, 1857
(*Spleen et Idéal*, iv)

(2) Possibly a reference to the oaks in the forest of Dodona in Greece where
the oracle was supposed to speak in the rustling of the leaves.

HARMONIE DU SOIR

Voici venir les temps où vibrant sur sa tige
Chaque fleur s'évapore ainsi qu'un encensoir;
Les sons et les parfums tournent dans l'air du soir;
Valse mélancolique et langoureux vertige !   4

Chaque fleur s'évapore ainsi qu'un encensoir;
Le violon frémit comme un cœur qu'on afflige;
Valse mélancolique et langoureux vertige !
Le ciel est triste et beau comme un grand reposoir.   8

Le violon frémit comme un cœur qu'on afflige,
Un cœur tendre, qui hait le néant vaste et noir !
Le ciel est triste et beau comme un grand reposoir;
Le soleil s'est noyé dans son sang qui se fige...   12

Un cœur tendre, qui hait le néant vaste et noir,
Du passé lumineux recueille tout vestige !
Le soleil s'est noyé dans son sang que se fige...
Ton souvenir en moi luit comme un ostensoir !   16

Les Fleurs du mal, 1857
(*Spleen et Idéal*, xlvii)

This poem, which has been set to music by Debussy, was written for Madame Sabatier, a protector of Baudelaire's. The form, in which the second and fourth lines of one stanza become the first and third of the next, is oriental in origin and is called a pantoum.

(2) un encensoir—a censer or swung incense burner (8) un reposoir—a temporary altar on which is rested the monstrance in which the host is carried in procession (16) un ostensoir—a monstrance or container usually orna- mented with gleaming metal to represent the radiating rays of the sun.

LE CHAT

I

Dans ma cervelle se promène,
Ainsi qu'en son appartement,
Un beau chat, fort, doux et charmant.
Quand il miaule, on l'entend à peine,   4

Tant son timbre est tendre et discret;
Mais que sa voix s'apaise ou gronde,
Elle est toujours riche et profonde :
C'est là son charme et son secret. 8

Cette voix, qui perle et qui filtre
Dans mon fonds le plus ténébreux,
Me remplit comme un vers nombreux
Et me réjouit comme un philtre. 12

Elle endort les plus cruels maux
Et contient toutes les extases;
Pour dire les plus longues phrases,
Elle n'a pas besoin de mots. 16

Non, il n'est pas d'archet qui morde
Sur mon cœur, parfait instrument,
Et fasse plus royalement
Chanter sa plus vibrante corde, 20

Que ta voix, chat mystérieux,
Chat séraphique, chat étrange,
En qui tout est, comme en un ange,
Aussi subtil qu'harmonieux ! 24

II

De sa fourrure blonde et brune
Sort un parfum si doux, qu'un soir
J'en fus embaumé, pour l'avoir
Caressée une fois, rien qu'une. 4

C'est l'esprit familier du lieu;
Il juge, il préside, il inspire
Toutes choses dans son empire;
Peut-être est-il fée, est-il dieu ? 8

Quand mes yeux, vers ce chat que j'aime
Tirés comme par un aimant,
Se retournent docilement
Et que je regarde en moi-même, 12

Je vois avec étonnement
Le feu de ses prunelles pâles,
Clairs fanaux, vivantes opales,
Qui me contemplent fixement.   *16*

Les Fleurs du mal, 1857
(*Spleen et Idéal*, li)

LA CLOCHE FÊLÉE

Il est amer et doux, pendant les nuits d'hiver,
D'écouter, près du feu qui palpite et qui fume,
Les souvenirs lointains lentement s'élever
Au bruit des carillons qui chantent dans la brume.   *4*

Bienheureuse la cloche au gosier vigoureux
Qui, malgré sa vieillesse, alerte et bien portante,
Jette fidèlement son cri religieux,
Ainsi qu'un vieux soldat qui veille sous la tente !   *8*

Moi, mon âme est fêlée, et lorsqu'en ses ennuis
Elle veut de ses chants peupler l'air froid des nuits,
Il arrive souvent que sa voix affaiblie   *11*

Semble le râle épais d'un blessé qu'on oublie
Au bord d'un lac de sang, sous un grand tas de morts,
Et qui meurt, sans bouger, dans d'immenses efforts.   *14*

Les Fleurs du mal, 1857
(*Spleen et Idéal*, lxxiv)

This poem with the title *Spleen* was first published in *Le Messager de l'assem-blée* for April 9, 1851.

SPLEEN

Quand le ciel bas et lourd pèse comme un couvercle
Sur l'esprit gémissant en proie aux longs ennuis,
Et que de l'horizon embrassant tout le cercle
Il nous verse un jour noir plus triste que les nuits;   *4*

Quand la terre est changée en un cachot humide,
Où l'Espérance, comme une chauve-souris,
S'en va battant les murs de son aile timide
Et se cognant la tête à des plafonds pourris;   *8*

Quand la pluie étalant ses immenses traînées
D'une vaste prison imite les barreaux,
Et qu'un peuple muet d'infâmes araignées
Vient tendre ses filets au fond de nos cerveaux,   *12*

Des cloches tout à coup sautent avec furie
Et lancent vers le ciel un affreux hurlement,
Ainsi que des esprits errants et sans patrie
Qui se mettent à geindre opiniâtrement.   *16*

— Et de longs corbillards, sans tambours ni musique,
Défilent lentement dans mon âme; l'Espoir,
Vaincu, pleure, et l'Angoisse atroce, despotique,
Sur mon crâne incliné plante son drapeau noir.   *20*

Les Fleurs du mal, 1857
(*Spleen et Idéal*, lxxviii)

RECUEILLEMENT

Sois sage, ô ma Douleur, et tiens-toi plus tranquille.
Tu réclamais le Soir; il descend; le voici :
Une atmosphère obscure enveloppe la ville,
Aux uns portant la paix, aux autres le souci.   *4*

Pendant que des mortels la multitude vile,
Sous le fouet du Plaisir, ce bourreau sans merci,
Va cueillir des remords dans la fête servile,
Ma Douleur, donne-moi la main; viens par ici,   *8*

Loin d'eux. Vois se pencher les défuntes Années,
Sur les balcons du ciel, en robes surannées;
Surgir du fond des eaux le Regret souriant;   *11*

Le Soleil moribond s'endormir sous une arche,
Et, comme un long linceul traînant à l'Orient
Entends, ma chère, entends la douce Nuit qui marche.   *14*

Nouvelles fleurs du mal

This poem first appeared in *La Revue européenne* for November 1, 1861.

(1) Sois sage—Be good (This is the way one would speak to a child.)

Leconte de Lisle

LECONTE DE LISLE (1818–1894) was born on Reunion Island off East Africa. He studied law in France but spent his life as a journalist and translator. Like Vigny, he is a pessimist, but he refuses to express his personal despair. He turns for inspiration to the classics and the Orient. In his cult of perfection of form with erudition, Leconte de Lisle had great influence on the younger poets of his day.

LES ELFES

Couronnés de thym et de marjolaine,
Les Elfes joyeux dansent sur la plaine.

Du sentier des bois aux daims familier,
Sur un noir cheval, sort un chevalier.   4
Son éperon d'or brille en la nuit brune;
Et, quand il traverse un rayon de lune,
On voit resplendir, d'un reflet changeant,
Sur sa chevelure un casque d'argent.   8

Couronnés de thym et de marjolaine,
Les Elfes joyeux dansent sur la plaine.

Ils l'entourent tous d'un essaim léger
Qui dans l'air muet semble voltiger.   12
— Hardi chevalier, par la nuit sereine,
Où vas-tu si tard ? dit la jeune Reine.
De mauvais esprits hantent les forêts;
Viens danser plutôt sur les gazons frais. —   16

Couronnés de thym et de marjolaine,
Les Elfes joyeux dansent sur la plaine.

— Non! ma fiancée aux yeux clairs et doux
M'attend, et demain nous serons époux.   20
Laissez-moi passer, Elfes des prairies,
Qui foulez en rond les mousses fleuries;
Ne m'attardez pas loin de mon amour,
Car voici déjà les lueurs du jour. —   24

Couronnés de thym et de marjolaine,
Les Elfes joyeux dansent sur la plaine.

—Reste, chevalier. Je te donnerai
L'opale magique et l'anneau doré,   28
Et, ce qui vaut mieux que gloire et fortune,
Ma robe filée au clair de la lune.
—Non! dit-il. —Va donc! —Et de son doigt blanc
Elle touche au cœur le guerrier tremblant.   32

Couronnés de thym et de marjolaine,
Les Elfes joyeux dansent sur la plaine.

Et sous l'éperon le noir cheval part.
Il court, il bondit et va sans retard;   36
Mais le chevalier frissonne et se penche;
Il voit sur la route une forme blanche
Qui marche sans bruit et lui tend les bras :
—Elfe, esprit, démon, ne m'arrête pas! —   40

Couronnés de thym et de marjolaine,
Les Elfes joyeux dansent sur la plaine.

—Ne m'arrête pas, fantôme odieux!
Je vais épouser ma belle aux doux yeux.   44
—O mon cher époux, la tombe éternelle
Sera notre lit de noce, dit-elle.
Je suis morte! —Et lui, la voyant ainsi,
D'angoisse et d'amour tombe mort aussi.   48

Couronnés de thym et de marjolaine,
Les Elfes joyeux dansent sur la plaine.

Poèmes et poésies, 1855

(*Poèmes barbares*)

Heine, in *De l'Allemagne* (Paris, 1835), tells a Swedish legend about the Knight Olaf who refuses to dance with the queen of the elves.

LE SOMMEIL DU CONDOR

Par delà l'escalier des roides Cordillères,
Par delà les brouillards hantés des aigles noirs,
Plus haut que les sommets creusés en entonnoirs
Où bout le flux sanglant des laves familières,   4
L'envergure pendante et rouge par endroits,

Le vaste Oiseau, tout plein d'une morne indolence,
Regarde l'Amérique et l'espace en silence,
Et le sombre soleil qui meurt dans ses yeux froids.   8
La nuit roule de l'Est, où les pampas sauvages
Sous les monts étagés s'élargissent sans fin;
Elle endort le Chili, les villes, les rivages,
Et la mer Pacifique et l'horizon divin;   12
Du continent muet elle s'est emparée :
Des sables aux coteaux, des gorges aux versants,
De cime en cime, elle enfle, en tourbillons croissants,
Le lourd débordement de sa haute marée.   16
Lui, comme un spectre, seul, au front du pic altier,
Baigné d'une lueur qui saigne sur la neige,
Il attend cette mer sinistre qui l'assiège :
Elle arrive, déferle, et le couvre en entier.   20
Dans l'abîme sans fond la Croix australe allume
Sur les côtes du ciel son phare constellé.
Il râle de plaisir, il agite sa plume,
Il érige son cou musculeux et pelé,   24
Il s'enlève en fouettant l'âpre neige des Andes,
Dans un cri rauque il monte où n'atteint pas le vent,
Et, loin du globe noir, loin de l'astre vivant,
Il dort dans l'air glacé, les ailes toutes grandes.   28

Poèmes barbares, 1858

(in *Poésies nouvelles*, 3ᵉ partie des
Poésies complètes)

This poem was first published in the *Revue française* for February 15, 1855.

(1) Cordilleras is a Spanish term originally applied to certain chains of steep volcanic mountains in the Andes; roides—raides   (21) The Southern Cross (also referred to in line 27) is the most famous constellation visible in the southern hemisphere.

LES MONTREURS

Tel qu'un morne animal, meurtri, plein de poussière,
La chaîne au cou, hurlant au chaud soleil d'été,
Promène qui voudra son cœur ensanglanté
Sur ton pavé cynique, ô plèbe carnassière !   4

Pour mettre un feu stérile en ton œil hébété,
Pour mendier ton rire ou ta pitié grossière,
Déchire qui voudra la robe de lumière
De la pudeur divine et de la volupté.   8

Dans mon orgueil muet, dans ma tombe sans gloire,
Dussé-je m'engloutir pour l'éternité noire,
Je ne te vendrai pas mon ivresse ou mon mal,   11

Je ne livrerai pas ma vie à tes huées,
Je ne danserai pas sur ton tréteau banal
Avec tes histrions et tes prostituées.   14

Poèmes barbares, 1871

This sonnet was first published in the *Revue contemporaine,* June 30, 1862.
It was then included in the *Poèmes barbares* published November 25, 1871,
with the date 1872.

(3) A possible reference to the pelican legend in Musset's "Nuit de mai," by
which the muse encouraged the poet to bare his heart.

LA FILLE AUX CHEVEUX DE LIN

Sur la luzerne en fleur assise,
Qui chante dès le frais matin ?
C'est la fille aux cheveux de lin,
La belle aux lèvres de cerise.   4

L'amour, au clair soleil d'été,
Avec l'alouette a chanté.

Ta bouche a des couleurs divines,
Ma chère, et tente le baiser !   8
Sur l'herbe en fleur veux-tu causer,
Fille aux cils longs, aux boucles fines ?

L'amour, au clair soleil d'été,
Avec l'alouette a chanté.   12

Ne dis pas non, fille cruelle !
Ne dis pas oui ! J'entendrai mieux
Le long regard de tes grands yeux
Et ta lèvre rose, ô ma belle !   16

L'amour, au clair soleil d'été,
Avec l'alouette a chanté.

Adieu les daims, adieu les lièvres
Et les rouges perdrix! Je veux   20
Baiser le lin de tes cheveux,
Presser la pourpre de tes lèvres!

L'amour, au clair soleil d'été,
Avec l'alouette a chanté.   24

Poèmes antiques

(*Chansons écossaises*, iv)

This poem was inspired by Robert Burns's poem "Lassie wi' the lint-white
locks," translated into French by Léon de Wailly in 1843.

LE LAC

C'est une mer, un Lac blême, maculé d'îles
Sombres, et pullulant de vastes crocodiles
Qui troublent l'eau sinistre et qui claquent des dents.
Quand la nuit morne exhale et déroule sa brume,   4
Un brusque tourbillon de moustiques stridents
Sort de la fange chaude et de l'herbe qui fume,
Et dans l'air alourdi vibre par millions;
Tandis que, çà et là, panthères et lions,   8
A travers l'épaisseur de la broussaille noire,
Gorgés de chair vivante et le mufle sanglant,
A l'heure où le désert sommeille, viennent boire;
Les unes en rasant la terre, et miaulant   12
De soif et de plaisir, et ceux-ci d'un pas lent,
Dédaigneux d'éveiller les reptiles voraces,
Ou d'entendre, parmi le fouillis des roseaux,
L'hippopotame obèse aux palpitants naseaux,   16
Qui se vautre et qui ronfle, et de ses pattes grasses
Mêle la vase infecte à l'écume des eaux.

Loin du bord, du milieu des roches erratiques,
Solitaire, dressant au ciel son large front,   20
Quelque vieux baobab, témoin des temps antiques,
Tord les muscles noueux de l'immuable tronc

Et prolonge l'informe ampleur de sa ramure
Qu'aucun vent furieux ne courbe ni ne rompt, 24
Mais qu'il emplit parfois d'un vague et long murmure.
Et sur le sol visqueux, hérissé de blocs lourds,
Saturé d'âcre arome et d'odeurs insalubres,
Sur cette mer livide et ces îles lugubres, 28
Sans relâche et sans fin, semble planer toujours
Un silence de mort fait de mille bruits sourds.

Derniers poèmes, 1895

(published posthumously)

Jose-Maria de Heredia

José-Maria de Heredia (1842–1905) was born in Cuba of a Spanish father and a French mother. Educated in France, he became the disciple and close friend of Leconte de Lisle. Like the latter, he cultivates erudition, impersonality, and perfection of form.

Heredia excelled in sonnets, and these were made into a collection by him in 1893 under the title *Les Trophées*.

SOIR DE BATAILLE

Le choc avait été très rude. Les tribuns
Et les centurions, ralliant les cohortes,
Humaient encor dans l'air, où vibraient leurs voix fortes,
La chaleur du carnage et ses âcres parfums. 4

D'un œil morne, comptant leurs compagnons défunts,
Les soldats regardaient, comme des feuilles mortes,
Au loin tourbillonner les archers de Phraortes;
Et la sueur coulait de leurs visages bruns. 8

C'est alors qu'apparut, tout hérissé de flèches,
Rouge du flux vermeil de ses blessures fraîches,
Sous la pourpre flottante et l'airain rutilant, 11

Au fracas des buccins qui sonnaient leur fanfare,
Superbe, maîtrisant son cheval qui s'effare,
Sur le ciel enflammé, l'Imperator sanglant.   14

Les Trophées, 1893

(*Rome et les Barbares*)

This poem was first published in *Le Monde poétique*, 1884. The battle referred to occurred in 36 B.C. Mark Antony defeated Phraortes (or, more correctly, Phraates), king of the Parthians.

(1) Les tribuns—Military tribunes (2) centurions—each centurion commanded one hundred infantrymen, the tenth part of a legion. (14) l'Impérator—the commanding general, here Mark Antony

ANTOINE ET CLEOPATRE

Tous deux ils regardaient, de la haute terrasse,
L'Egypte s'endormir sous un ciel étouffant
Et le Fleuve, à travers le Delta noir qu'il fend,
Vers Bubaste ou Saïs rouler son onde grasse.   4

Et le Romain sentait sous la lourde cuirasse,
Soldat captif berçant le sommeil d'un enfant,
Ployer et défaillir sur son cœur triomphant
Le corps voluptueux que son étreinte embrasse.   8

Tournant sa tête pâle entre ses cheveux bruns
Vers celui qu'enivraient d'invincibles parfums,
Elle tendit sa bouche et ses prunelles claires;   11

Et sur elle courbé, l'ardent Imperator
Vit dans ses larges yeux étoilés de points d'or
Toute une mer immense où fuyaient des galères.   14

Les Trophées, 1893

(*Rome et les Barbares*)

This sonnet was first published in *Le Monde poétique*, 1884.

(3) le Fleuve—the Nile (4) Bubaste and Saïs are cities at the delta of the Nile; grasse—full of silt, fertile (14) Antony senses that he will be betrayed by Cleopatra.

EPIPHANIE

Donc, Balthazar, Melchior et Gaspar, les Rois Mages,
Chargés de nefs d'argent, de vermeil et d'émaux
Et suivis d'un très long cortège de chameaux,
S'avancent, tels qu'ils sont dans les vieilles images 4

De l'Orient lointain, ils portent leurs hommages
Aux pieds du fils de Dieu né pour guérir les maux
Que souffrent ici-bas l'homme et les animaux;
Un page noir soutient leurs robes à ramages. 8

Sur le seuil de l'étable où veille saint Joseph,
Ils ôtent humblement la couronne du chef
Pour saluer l'Enfant qui rit et les admire. 11

C'est ainsi qu'autrefois, sous Augustus Caesar,
Sont venus, présentant l'or, l'encens et la myrrhe,
Les Rois Mages Gaspar, Melchior et Balthazar. 14

Les Trophées, 1893

(*Le Moyen Age et la Renaissance*)

This sonnet was first published in *Paris-Noël*, 1886.

LES CONQUERANTS

Comme un vol de gerfauts hors du charnier natal,
Fatigués de porter leurs misères hautaines,
De Palos de Moguer, routiers et capitaines
Partaient, ivres d'un rêve héroïque et brutal. 4

Ils allaient conquérir le fabuleux métal
Que Cipango mûrit dans ses mines lointaines,
Et les vents alizés inclinaient leurs antennes
Aux bords mystérieux du monde Occidental. 8

Chaque soir, espérant des lendemains épiques,
L'azur phosphorescent de la mer des Tropiques
Enchantait leur sommeil d'un mirage doré; 11

Ou, penchés à l'avant des blanches caravelles,
Ils regardaient monter en un ciel ignoré
Du fond de l'Océan des étoiles nouvelles.   *14*

Les Trophées, 1893

(*Le Moyen Age et la Renaissance* :
Les Conquérants)

This sonnet was first published in *Sonnets et Eaux-fortes*, 1868. The title is
a direct translation of the Spanish *Conquistadores*.

(1) *charnier* because it is full of bones.   (3) Palos de Moguer—the port in
Andalusia from which Columbus sailed in 1492; routiers—soldiers of fortune
(6) Cipango—Japan. According to alchemical theory, gold was formed when
base elements were transmuted after a long process involving the steady
application of slow heat.   (12) caravelles—three-masted sailing vessels with
high prows and poops

LA MORT DE L'AIGLE

Quand l'aigle a dépassé les neiges éternelles,
A sa vaste envergure il veut chercher plus d'air
Et le soleil plus proche en un azur plus clair
Pour échauffer l'éclat de ses mornes prunelles.   *4*

Il s'enlève. Il aspire un torrent d'étincelles.
Toujours plus haut, enflant son vol tranquille et fier,
Il monte vers l'orage où l'attire l'éclair;
Mais la foudre d'un coup a rompu ses deux ailes.   *8*

Avec un cri sinistre, il tournoie, emporté
Par la trombe, et, crispé, buvant d'un trait sublime
La flamme éparse, il plonge au fulgurant abîme.   *11*

Heureux qui pour la Gloire ou pour la Liberté,
Dans l'orgueil de la force et l'ivresse du rêve,
Meurt ainsi d'une mort éblouissante et brève.   *14*

Les Trophées, 1893

(*La Nature et la Rêve*)

This sonnet was first published in the *Revue de Paris* December 4, 1864.

Paul Verlaine

PAUL VERLAINE (1844–1896) as a youthful poet frequented the coterie of Leconte de Lisle where his verses were favourably received. Shortly after his marriage in 1870, Verlaine met Arthur Rimbaud, and in 1872 he abandoned his wife and child and went away with the young poet to Belgium and England. After a quarrel in which Rimbaud was shot and wounded, Verlaine was imprisoned for two years. At this time he sincerely repented his rather sordid past, but after his release he soon fell back into the old ways and died of acute alcoholism.

The poetry of Verlaine is outstanding because of its evocative melancholy and its delicate effects. The musical quality of the verse and the elusive sensations it conveys are instantly appealing.

CHANSON D'AUTOMNE

Les sanglots longs
Des violons
De l'automne
Blessent mon cœur   4
D'une langueur
Monotone.

Tout suffocant
Et blême, quand   8
Sonne l'heure,
Je me souviens
Des jours anciens
Et je pleure;   12

Et je m'en vais
Au vent mauvais
Qui m'emporte
Deçà, delà,   16
Pareil à la
Feuille morte.

Poèmes saturniens, 1867

(*Paysages tristes, v*)

EFFET DE NUIT

La nuit. La pluie. Un ciel blafard que déchiquette
De flèches et de tours à jour la silhouette
D'une ville gothique éteinte au lointain gris.
La plaine. Un gibet plein de pendus rabougris   4
Secoués par le bec avide des corneilles
Et dansant dans l'air noir des gigues non pareilles,
Tandis que leurs pieds sont la pâture des loups.
Quelques buissons d'épine épars, et quelques houx   8
Dressant l'horreur de leur feuillage à droite, à gauche,
Sur le fuligineux fouillis d'un fond d'ébauche.
Et puis, autour de trois livides prisonniers
Qui vont pieds nus, un gros de hauts pertuisaniers   12
En marche, et leurs fers droits, comme des fers de herse,
Luisent à contre-sens des lances de l'averse.

Poèmes saturniens, 1867

(*Eaux-fortes*, iv)

(12) pertuisanier—soldier armed with a pertuisane, a sort of halberd

FEMME ET CHATTE

Elle jouait avec sa chatte,
Et c'était merveille de voir
La main blanche et la blanche patte
S'ébattre dans l'ombre du soir.   4

Elle cachait — la scélérate ! —
Sous ses mitaines de fil noir
Ses meurtriers ongles d'agate,
Coupants et clairs comme un rasoir.   8

L'autre faisait aussi la sucrée
Et rentrait sa griffe acérée,
Mais le diable n'y perdait rien...   11

Et dans le boudoir où, sonore,
Tintait son rire aérien,
Brillaient quatre points de phosphore.   14

Poèmes saturniens, 1867

(*Caprices*, i)

LE SON DU COR

Le son du cor s'afflige vers les bois
D'une douleur on veut croire orpheline
Qui vient mourir au bas de la colline
Parmi la bise errant en courts abois.　　　4

L'âme du loup pleure dans cette voix
Qui monte avec le soleil qui décline
D'une agonie on veut croire câline
Et qui ravit et qui navre à la fois.　　　8

Pour faire mieux cette plainte assoupie,
La neige tombe à longs traits de charpie
A travers le couchant sanguinolent,　　　11

Et l'air a l'air d'être un soupir d'automne,
Tant il fait doux par ce soir monotone
Où se dorlote un paysage lent.　　　14

Sagesse, ix, 1881

ART POETIQUE

De la musique avant toute chose,
Et pour cela préfère l'Impair
Plus vague et plus soluble dans l'air,
Sans rien en lui qui pèse ou qui pose.　　　4

Il faut aussi que tu n'ailles point
Choisir tes mots sans quelque méprise :
Rien de plus cher que la chanson grise
Où l'Indécis au Précis se joint.　　　8

C'est des beaux yeux derrière des voiles,
C'est le grand jour tremblant de midi,
C'est, par un ciel d'automne attiédi,
Le bleu fouillis des claires étoiles !　　　12

Car nous voulons la Nuance encor,
Pas la Couleur, rien que la nuance !
Oh ! la nuance seule fiance
Le rêve au rêve et la flûte au cor !　　　16

Fuis du plus loin la Pointe assassine,
L'Esprit cruel et le Rire impur,

Qui font pleurer les yeux de l'Azur,
Et tout cet ail de basse cuisine !   20

Prends l'éloquence et tords-lui son cou !
Tu feras bien, en train d'énergie,
De rendre un peu la Rime assagie.
Si l'on n'y veille, elle ira jusqu'où ?   24

O qui dira les torts de la Rime !
Quel enfant sourd ou quel nègre fou
Nous a forgé ce bijou d'un sou
Qui sonne creux et faux sous la lime ?   28

De la musique encore et toujours !
Que ton vers soit la chose envolée
Qu'on sent qui fuit d'une âme en allée
Vers d'autres cieux à d'autres amours.   32

Que ton vers soit la bonne aventure
Eparse au vent crispé du matin
Qui va fleurant la menthe et le thym...
Et tout le reste est littérature.   36

Jadis et naguère, 1884

This poem was composed in April 1874 at Mons where Verlaine was imprisoned. It was first published in *Paris moderne,* November 10, 1882.

(2) l'Impair—an odd number of syllables in a line of verse (6) méprise—intentional ambiguity (22) en train d'énergie—while you're at it

PARABOLES

Soyez béni, Seigneur, qui m'avez fait chrétien
Dans ces temps de féroce ignorance et de haine;
Mais donnez-moi la force et l'audace sereine
De vous être à toujours fidèle comme un chien,   4

De vous être l'agneau destiné qui suit bien
Sa mère et ne sait faire au pâtre aucune peine,
Sentant qu'il doit sa vie encore, après sa laine,
Au maître, quand il veut utiliser ce bien,   8

Le poisson, pour servir au Fils de monogramme,
L'ânon obscur qu'un jour en triomphe il monta,
Et, dans ma chair, les porcs qu'à l'abîme il jeta.   11

Car l'animal, meilleur que l'homme et que la femme,
En ces temps de révolte et de duplicité,
Fait son humble devoir avec simplicité.   *14*

Amour, 1888

This sonnet was first printed in *La Revue critique* for January 13, 1884.

(9) A difficult reference. The letters of the Greek word for fish (᾿ΙΧΘΥΣ) spell out the initials of Jesus Christ, Son of God, Saviour (᾿ΙΗΣΟΥΣ ΧΡΙΣΤΟΣ ΘΕΟΥ ῾ΥΙΟΥ ΣΩΤΗΡ).

INTERMITTENCES

Il est des jours, il est des mois
Il est jusques à des années
Où, fui des Muses surannées,
Déserté par toutes ses Fois,   *4*

Froid aux couronnes comme aux tresses,
Aux palmes ainsi qu'aux lauriers,
Le Poète, dont vous riez,
Connaît aussi les sécheresses.   *8*

Tel un chrétien trop scrupuleux
Ne trouve plus dans sa prière
L'oraison douce et familière,
Chaude au cœur aujourd'hui frileux,   *12*

A l'âme désormais glacée
Qui frémit de doute en l'horreur
Du seul scrupule d'une erreur
Dont il soupçonne sa pensée...   *16*

Mais laissez faire : l'an viendra,
Le mois viendra, le jour propice
Où du morose précipice
L'âme immortelle surgira,   *20*

Où le cœur sincère et fidèle
Retrouvera l'arbre et les nids
Des bons pensers par Dieu bénis
Et s'y rendra d'un grand coup d'aile...   *24*

Ainsi le poète, guéri
De la torpeur qui l'étiole,
Tout à coup s'essore et s'envole
Vers le bosquet toujours chéri,   28

D'où, voix qu'a refaite un long jeûne,
Dans les crépuscules seuls siens,
Il chante ses chagrins anciens
Et l'espérance à jamais jeune!   32

Œuvres posthumes

This poem was published in *La Revue pour les jeunes filles* for October 5, 1895.

Arthur Rimbaud

ARTHUR RIMBAUD (1854–1891) was a youthful prodigy. He began writing poetry in his early teens and, after running away from home, met Verlaine who took him under his wing. All of Rimbaud's poetry was composed before he reached the age of twenty, when he gave up writing for the life of an adventurer.

In his most advanced poetry, Rimbaud abandons logic for suggestion. Disconnected series of evocative words or phrases are used to portray in all its complexity what is in the poet's mind. Rimbaud has probably had more influence on the poetry of the twentieth century than any other poet.

SENSATION

Par les soirs bleus d'été j'irai dans les sentiers,
Picoté par les blés, fouler l'herbe menue :
Rêveur, j'en sentirai la fraîcheur à mes pieds.
Je laisserai le vent baigner ma tête nue.   4

Je ne parlerai pas, je ne penserai rien :
Mais l'amour infini me montera dans l'âme,
Et j'irai loin, bien loin, comme un bohémien,
Par la Nature, — heureux comme avec une femme.   8

This poem is dated March 1870.

LES EFFARÉS

Noirs dans la neige et dans la brume,
Au grand soupirail qui s'allume,
    Leurs culs en rond,   3

A genoux, cinq petits — misère ! —
Regardent le Boulanger faire
    Le lourd pain blond.   6

Ils voient le fort bras blanc qui tourne
La pâte grise et qui l'enfourne
    Dans un trou clair.   9

Ils écoutent le bon pain cuire.
Le Boulanger au gras sourire
    Grogne un vieil air.   12

Ils sont blottis, pas un ne bouge,
Au souffle du soupirail rouge
    Chaud comme un sein.   15

Quand pour quelque médianoche,
Façonné comme une brioche
    On sort le pain,   18

Quand, sous les poutres enfumées,
Chantent les croûtes parfumées
    Et les grillons,   21

Que ce trou chaud souffle la vie,
Ils ont leur âme si ravie
    Sous leurs haillons,   24

Ils se ressentent si bien vivre,
Les pauvres Jésus pleins de givre,
    Qu'ils sont là tous,   27

Collant leurs petits museaux roses
Au treillage, grognant des choses
    Entre les trous,   30

Tout bêtes, faisant leurs prières
Et repliés vers ces lumières
    Du ciel rouvert,   33

Si fort, qu'ils crèvent leur culotte
Et que leur chemise tremblote
    Au vent d'hiver.   36

Written in September 1870, this poem was first published (probably by Verlaine) in the *Gentleman's Magazine* for January 1878 under the title "Petits Pauvres."

(16) médianoche—a feast held after midnight on a day which has been one of fasting   (26) Les pauvres Jésus—the poor little tykes

LE DORMEUR DU VAL

C'est un trou de verdure où chante une rivière
Accrochant follement aux herbes des haillons
D'argent; où le soleil, de la montagne fière,
Luit : c'est un petit val qui mousse de rayons.   4

Un soldat jeune, bouche ouverte, tête nue,
Et la nuque baignant dans le frais cresson bleu,
Dort; il est étendu dans l'herbe, sous la nue,
Pâle dans son lit vert où la lumière pleut.   8

Les pieds dans les glaïeuls, il dort. Souriant comme
Sourirait un enfant malade, il fait un somme :
Nature, berce-le chaudement : il a froid.   *11*

Les parfums ne font pas frissonner sa narine;
Il dort dans le soleil, la main sur sa poitrine
Tranquille. Il a deux trous rouges au côté droit.   *14*

Written in October 1870, this poem was not published until 1888.

VOYELLES

A noir, E blanc, I rouge, U vert, O bleu : voyelles,
Je dirai quelque jour vos naissances latentes :
A, noir corset velu des mouches éclatantes
Qui bombinent autour des puanteurs cruelles,   4

Golfes d'ombre; E, candeurs des vapeurs et des tentes,
Lances des glaciers fiers, rois blancs, frissons d'ombelles;
I, pourpres, sang craché, rire des lèvres belles
Dans la colère ou les ivresses pénitentes;   8

U, cycles, vibrements divins des mers virides,
Paix des pâtis semés d'animaux, paix des rides
Que l'alchimie imprime aux grands fronts studieux;   *11*

O, suprême Clairon plein de strideurs étranges,
Silences traversés des Mondes et des Anges :
— O l'Oméga, rayon violet de Ses Yeux!   *14*

Composed in 1871, "Voyelles" was first published in 1883. A great deal has been written concerning various interpretations of this poem. The theories are: (1) Rimbaud is seriously exploiting the Baudelairian doctrine of correspondances (synaesthesia). (2) In his use of colours associated with letters, Rimbaud is subconsciously recalling an alphabet book he used as a child. (3) The actual shapes of the letters suggested the objects and their related colours (A—a fly, black; U—waves, green; O—eyes, violet; E, I—on their sides the objects and colours cited, with *rois* a misprint for *rais*). (4) The sequences of letters (A, E, I, U, O) and colours (black to blue) are precisely those of the alchemical process whose mastery reveals the secret of life. Rimbaud knew alchemical literature and is here referring to its doctrines. (5) The poem is a *tour de force* with no particular meaning at all!
    Whatever the explanation of its origin, the sonnet is an excellent example of Rimbaud's technique.

Stéphane Mallarmé

STÉPHANE MALLARMÉ (1842–1898) spent his life as a teacher of English in France. He contributed to various reviews but became known as a poet only some fifteen years before his death.
    Mallarmé might be called a high priest of poetry. He constantly polished his poems, striving to improve their harmonic effects and to refine the subtlety of the inner world he sought to portray. For this reason, some of his poetry seems obscure and difficult at first, but it repays careful study. Mallarmé is a poet's poet.

LE SONNEUR

Cependant que la cloche éveille sa voix claire
A l'air pur et limpide et profond du matin
Et passe sur l'enfant qui jette pour lui plaire
Un angelus parmi la lavande et le thym,   *4*

Le sonneur effleuré par l'oiseau qu'il éclaire,
Chevauchant tristement en geignant du latin
Sur la pierre qui tend la corde séculaire,
N'entend descendre à lui qu'un tintement lointain.   8

Je suis cet homme. Hélas! de la nuit désireuse,
J'ai beau tirer le câble à sonner l'Idéal,
De froids péchés s'ébat un plumage féal,   *11*

Et la voix ne me vient que par bribes et creuse!
Mais, un jour, fatigué d'avoir enfin tiré,
O Satan, j'ôterai la pierre et me pendrai.   *14*

Poésies, 1887

Written at Sens, this sonnet was published March 15, 1862, in *L'Artiste.*

L'AZUR

De l'éternel azur la sereine ironie
Accable, belle indolemment comme les fleurs,
Le poëte impuissant qui maudit son génie
A travers un désert stérile de Douleurs.   4

Fuyant, les yeux fermés, je le sens qui regarde
Avec l'intensité d'un remords atterrant,
Mon âme vide. Où fuir ? Et quelle nuit hagarde
Jeter, lambeaux, jeter sur ce mépris navrant ?   8

Brouillards, montez! Versez vos cendres monotones
Avec de longs haillons de brume dans les cieux
Qui noiera le marais livide des automnes
Et bâtissez un grand plafond silencieux!   12

Et toi, sors des étangs léthéens et ramasse
En t'en venant la vase et les pâles roseaux,
Cher Ennui, pour boucher d'une main jamais lasse
Les grands trous bleus que font méchamment les
    oiseaux.   16

Encor! que sans répit les tristes cheminées
Fument, et que de suie une errante prison
Eteigne dans l'horreur de ses noires traînées
Le soleil se mourant jaunâtre à l'horizon!   20

— Le Ciel est mort. — Vers toi, j'accours! donne, ô
    matière,
L'oubli de l'Idéal cruel et du Péché
A ce martyr qui vient partager la litière
Où le bétail heureux des hommes est couché,   24

Car j'y veux, puisque enfin ma cervelle, vidée
Comme le pot de fard gisant au pied d'un mur,
N'a plus l'art d'attifer la sanglotante idée,
Lugubrement bâiller vers un trépas obscur...   28

En vain! l'Azur triomphe, et je l'entends qui chante
Dans les cloches. Mon âme, il se fait voix pour plus
Nous faire peur avec sa victoire méchante,
Et du métal vivant sort en bleus angelus!   32

Il roule par la brume, ancien et traverse
Ta native agonie ainsi qu'un glaive sûr;
Où fuir dans la révolte inutile et perverse?
Je suis hanté. L'Azur! l'Azur! l'Azur! l'Azur!   36

Poésies, 1887

This poem was written at Tournon in January 1864. It was first published in *Le Parnasse contemporain*, May 12, 1866.

(4) The poet's genius reveals to him the ideal he cannot attain. (8) He wants to hide his heart-breaking self-scorn with smoke, fog, darkness. (13) léthéens—inducing forgetfulness (14) la vase—mud, slime (16) The bird songs are like blue holes in the cloud ceiling of his despair. (21) matière—the physical life, matter as opposed to the ideal (24) The idealist is drawn to degrading physical pleasure. (28) He is ready to renounce his quest but (ll. 29–36) cannot.

BRISE MARINE

La chair est triste, hélas! et j'ai lu tous les livres.
Fuir! là-bas fuir! Je sens que des oiseaux sont ivres
D'être parmi l'écume inconnue et les cieux!
Rien, ni les vieux jardins reflétés par les yeux   4
Ne retiendra ce cœur qui dans la mer se trempe.
O nuits! ni la clarté déserte de ma lampe
Sur le vide papier que la blancheur défend
Et ni la jeune femme allaitant son enfant.   8

Je partirai! Steamer balançant ta mâture,
Lève l'ancre pour une exotique nature!
Un Ennui, désolé par les cruels espoirs,
Croit encore à l'adieu suprême des mouchoirs!   *12*
Et, peut-être, les mâts, invitant les orages
Sont-ils de ceux qu'un vent penche sur les naufrages
Perdus, sans mâts, sans mâts, ni fertiles îlots...
Mais, ô mon cœur, entends le chant des matelots!   *16*

Poésies, 1887

This poem was written at Tournon in May 1865 and published in *Le Parnasse contemporain*, May 12, 1866. Mallarmé's daughter referred to in line 8 was born in November 1864.

Guillaume Apollinaire

GUILLAUME APOLLINAIRE (1880–1918) was the illegitimate son of a Polish mother whose name was Kostrowitzky. After desultory studies in Paris, he led a rather nomadic life until the First Great War in which he enlisted in 1914. He was wounded in 1916 and died in the influenza epidemic of 1918.

Apollinaire has many moods and many styles. He can be simple and tender, coarse and vulgar, gay, ribald, intense. He is an experimenter in form and is known especially for his calligrams where the arrangement of the words on the page actually forms a design or picture.

Apollinaire is very human and for that reason has a universal appeal.

MARIE

Vous y dansiez petite fille
Y danserez-vous mère-grand
C'est la maclotte qui sautille
Toutes les cloches sonneront
Quand donc reviendrez-vous Marie   5

Les masques sont silencieux
Et la musique est si lointaine

Qu'elle semble venir des cieux
Oui je veux vous aimer mais vous aimer à peine
Et mon mal est délicieux   10

Les brebis s'en vont dans la neige
Flocons de laine et ceux d'argent
Des soldats passent et que n'ai-je
Un cœur à moi ce cœur changeant
Changeant et puis encor que sais-je   15

Sais-je où s'en iront tes cheveux
Crépus comme mer qui moutonne
Sais-je où s'en iront tes cheveux
Et tes mains feuilles de l'automne
Que jonchent aussi nos aveux   20

Je passais au bord de la Seine
Un livre ancien sous le bras
Le fleuve est pareil à ma peine
Il s'écoule et ne tarit pas
Quand donc finira la semaine   25

Alcools, 1913*

This poem was published in October 1912 in *Les Soirées de Paris*, no. 9. Marie is the poet's mistress, Marie Laurencin, with whom he had a number of serious quarrels in 1912.

Apollinaire himself recorded this poem along with two others on a disk for the *Archives de la parole*.

(3) la *maclotte* is a regional dance in the district around Stavelot where Apollinaire spent the summer of 1899.

SALTIMBANQUES

Dans la plaine les baladins
S'éloignent au long des jardins
Devant l'huis des auberges grises
Par les villages sans églises   4

Et les enfants s'en vont devant
Les autres suivent en rêvant
Chaque arbre fruitier se résigne
Quand de très loin ils lui font signe   8

Ils ont des poids ronds ou carrés
Des tambours des cerceaux dorés
L'ours et le singe animaux sages
Quêtent des sous sur leur passage   12

Alcools, 1913*

This poem was first published in *Les Argonautes*, no. 9, February 1909.

AUTOMNE

Dans le brouillard s'en vont un paysan cagneux
Et son bœuf lentement dans le brouillard d'automne
Qui cache les hameaux pauvres et vergogneux

Et s'en allant là-bas le paysan chantonne   4
Une chanson d'amour et d'infidélité
Qui parle d'une bague et d'un cœur que l'on brise

Oh ! l'automne l'automne a fait mourir l'été
Dans le brouillard s'en vont deux silhouettes grises   8

Alcools, 1913*

(3) vergogneux—shameful

LE PONT MIRABEAU

Sous le pont Mirabeau coule la Seine
   Et nos amours
  Faut-il qu'il m'en souvienne
La joie venait toujours après la peine   4

    Vienne la nuit sonne l'heure
    Les jours s'en vont je demeure

Les mains dans les mains restons face à face
    Tandis que sous   8
  Le pont de nos bras passe
Des éternels regards l'onde si lasse

    Vienne la nuit sonne l'heure
    Les jours s'en vont je demeure   12

L'amour s'en va comme cette eau courante
   L'amour s'en va
   Comme la vie est lente
Et comme l'Espérance est violente   *16*

   Vienne la nuit sonne l'heure
   Les jours s'en vont je demeure

Passent les jours et passent les semaines
   Ni temps passé   *20*
   Ni les amours reviennent
Sous le pont Mirabeau coule la Seine

   Vienne la nuit sonne l'heure
   Les jours s'en vont je demeure   *24*

Alcools, 1913*

Jules Laforgue

Jules Laforgue (1860–1887) was born in Montevideo of Breton parents but his early years were spent at Tarbes in the Hautes Pyrénées. He came to Paris as an adolescent and later spent five years in Germany (1881–1886), where he met and married a young English woman. He died of tuberculosis after seven months of marriage.

Laforgue is a poet of anguish concerned with the ultimate meaning of life. He sees personal daily routine in relation to eternal verities and expresses poignantly the struggle which he feels within himself.

NOEL SCEPTIQUE

Noël! Noël? j'entends les cloches dans la nuit . . .
Et j'ai, sur ces feuillets sans foi posé ma plume:
O souvenirs, chantez! tout mon orgueil s'enfuit,
Et je me sens repris de ma grande amertume.   4

Ah! ces voix dans la nuit chantant Noël! Noël!
M'apportent de la nef qui là-bas, s'illumine,
Un si tendre, un si doux reproche maternel
Que mon cœur trop gonflé crève dans ma poitrine...   8

Et j'écoute longtemps les cloches, dans la nuit...
Je suis le paria de la famille humaine,
A qui le vent apporte en son sale réduit
La poignante rumeur d'une fête lointaine.   12

This poem, unpublished at the time of Laforgue's death, was perhaps intended to be included in a collection to be called *Le Sanglot de la terre.*

LE BRAVE, BRAVE AUTOMNE!

Quand reviendra l'automne,
Cette saison si triste,
Je vais m'la passer bonne,
Au point de vue artiste.   4

Car le vent, je l'connais,
Il est de mes amis!
Depuis que je suis né
Il fait que j'en gémis...   8

Et je connais la neige,
Autant que ma chair même,
Son froment me protège
Contre les chairs que j'aime...   12

Et comme je comprends
Que l'automnal soleil
Ne m'a l'air si souffrant
Qu'à titre de conseil!...   16

Puis rien ne saurait faire
Que mon spleen ne chemine
Sous les spleens insulaires
Des petites pluies fines...   20

Ah! l'automne est à moi,
Et moi je suis à lui,
Comme tout à "pourquoi?"
Et ce monde à "et puis?"   24

Quand reviendra l'automne,
Cette saison si triste,
Je vais m'la passer bonne
Au point de vue artiste.   28

Des Fleurs de bonne volonté, xxix

This poem, published posthumously, was probably intended for a collection to be called *Concile féerique*.

Henri de Régnier

HENRI DE RÉGNIER (1864–1936) is the author of many novels and short stories as well as collections of poetry and essays on literary criticism. He began as a disciple of Leconte de Lisle and Heredia and later became one of the chiefs of the Symbolist movement. His poetry is notable for its delicate effects and the perfection of its form.

LES CLOCHES

Le ciel est traversé des soudaines volées
Des cloches qu'une main secoue éperdûment
Pour annoncer au loin l'heure du Dénoûment
Par le râle plaintif de leurs voix désolées;   4

L'heure où la mort emplit les têtes affolées
Des poignantes terreurs du prochain jugement
L'heure où d'autres s'en vont presque joyeusement
Vers le repos tardif des calmes mausolées.   8

Il faudra clore aussi vos yeux appesantis,
O vous tous, qui suivez le chemin de la Vie,
Insoucieux du but de la route suivie;   11

Un jour où, par le vent, portés ou ralentis,
Monteront dans les cieux remués ou paisibles
Les lointains vibrements de cloches invisibles.   14

Premières poèmes†
Les Lendemains, 1885

Paul Valéry

PAUL VALÉRY (1871–1945) published some early poetry before 1900 but then disappeared completely from the literary scene until 1917 when *La jeune Parque* came out in print. Like Mallarmé, Valéry is an implacable perfectionist, and he demands of form what the older poet sought in harmonic effects. Valéry is above all an intellectual poet whose work requires a real effort on the part of the reader. His influence on the twentieth century has been very great.

FRAGMENTS DU NARCISSE

II

Fontaine, ma fontaine, eau froidement présente,
Douce aux purs animaux, aux humains complaisante
Qui d'eux-mêmes tentés suivent au fond la mort,
Tout est songes pour toi, Sœur tranquille du Sort !   4
A peine en souvenir change-t-il un présage,
Que pareille sans cesse à son fuyant visage,
Sitôt de ton sommeil les cieux te sont ravis !
Mais si pure tu sois des êtres que tu vis,   8
Onde, sur qui les ans passent comme les nues,
Que de choses pourtant doivent t'être connues,
Astres, roses, saisons, les corps et leurs amours !
Claire, mais si profonde, une nymphe toujours   12
Effleurée, et vivant de tout ce qui l'approche,
Nourrit quelque sagesse à l'abri de sa roche,
A l'ombre de ce jour qu'elle peint sous les bois.
Elle sait à jamais les choses d'une fois...   16
O présence pensive, eau calme qui recueilles
Tout un sombre trésor de fables et de feuilles,
L'oiseau mort, le fruit mûr, lentement descendus,
Et les rares lueurs des clairs anneaux perdus.   20
Tu consommes en toi leur perte solennelle;
Mais, sur la pureté de ta face éternelle,
L'amour passe et périt...

Charmes, 1926*

POESIE

Par la surprise saisie,
Une bouche qui buvait
Au sein de la Poésie
En sépare son duvet :   4

« O ma mère Intelligence,
De qui la douceur coulait,
Quelle est cette négligence
Qui laisse tarir son lait !   8

A peine sur ta poitrine,
Accablé de blancs liens,
Me berçait l'onde marine
De ton cœur chargé de biens;   12

A peine, dans ton ciel sombre,
Abattu sur ta beauté,
Je sentais, à boire l'ombre,
M'envahir une clarté !   16

Dieu perdu dans son essence,
Et délicieusement
Docile à la connaissance
Du suprême apaisement,   20

Je touchais à la nuit pure,
Je ne savais plus mourir,
Car un fleuve sans coupure
Me semblait me parcourir...   24

Dis, par quelle crainte vaine,
Par quelle ombre de dépit,
Cette merveilleuse veine
A mes lèvres se rompit ?   28

O rigueur, tu m'es un signe
Qu'à mon âme je déplus !
Le silence au vol de cygne
Entre nous ne règne plus !   32

Immortelle, ta paupière
Me refuse mes trésors,
Et la chair s'est faite pierre
Qui fut tendre sous mon corps !   36

Des cieux même tu me sèvres,
Par quel injuste retour ?
Que seras-tu sans mes lèvres ?
Que serai-je sans amour ? »   *40*

Mais la Source suspendue
Lui répond sans dureté :
— Si fort vous m'avez mordue
Que mon cœur s'est arrêté !   *44*

Charmes, 1926*

(2) Une bouche—The poet who seeks sustenance from poetry   (16) As the infant is gently rocked on the mother's nourishing bosom, so the poet's inspiration, like the white life-giving milk, comes from the darkness of mind.   (24) In the ecstasy of his inspiration, the poet experiences a transcendental vision of spiritual life.   (40) When the inspiration suddenly fails, the poet wonders why. Since he is the agent by which poetry is expressed they surely need each other.   (44) The answer is that undisciplined passion destroys inspiration.

LA CEINTURE

Quand le ciel couleur d'une joue
Laisse enfin les yeux le chérir
Et qu'au point doré de périr
Dans les roses le temps se joue,   *4*

Devant le muet de plaisir
Qu'enchaîne une telle peinture,
Danse une Ombre à libre ceinture
Que le soir est près de saisir.   *8*

Cette ceinture vagabonde
Fait dans le souffle aérien
Frémir le suprême lien
De mon silence avec ce monde...   *12*

Absent, présent... Je suis bien seul,
Et sombre, ô suave linceul !

Charmes, 1926*

(2) As the sun sets the poet can gaze right at it.   (8) He admires the variegated colours and approaching night.   (12) His interest in the spectacle distracts his meditation.   (14) The poet is conscious of his isolation and of night and death.

Paul Claudel

PAUL CLAUDEL (1868–1955) was a professional diplomat who represented France as ambassador in many countries including China and the United States. In his poetry, he reveals himself as a fervent Catholic and mystic. Claudel often writes in short versets which make his thought difficult to follow.

Claudel has written prose works and many plays, of which the best known is *L'Annonce faite à Marie*.

LA VIERGE A MIDI

Il est midi. Je vois l'église ouverte. Il faut entrer.
Mère de Jésus-Christ, je ne viens pas prier.

Je n'ai rien à offrir et rien à demander.
Je viens seulement, Mère, pour vous regarder. 4

Vous regarder, pleurer de bonheur, savoir cela
Que je suis votre fils et que vous êtes là.

Rien que pour un moment pendant que tout s'arrête.
Midi ! 8
Etre avec vous, Marie, en ce lieu où vous êtes.

Ne rien dire, regarder votre visage,
Laisser le cœur chanter dans son propre langage,

Ne rien dire, mais seulement chanter parce qu'on a le
cœur trop plein, 12
Comme le merle qui suit son idée en ces espèces de
couplets soudains.

Parce que vous êtes belle, parce que vous êtes immaculée,
La femme dans la Grâce enfin restituée,

La créature dans son honneur premier et dans son
épanouissement final, 16
Telle qu'elle est sortie de Dieu au matin de sa splendeur
originale,

Intacte ineffablement parce que vous êtes la Mère de
Jésus-Christ,
Qui est la vérité entre vos bras, et la seule espérance et le
seul fruit.

Parce que vous êtes la femme, l'Eden de l'ancienne   20
    tendresse oubliée,
Dont le regard trouve le cœur tout à fait et fait jaillir les
    larmes accumulées,

Parce que vous m'avez sauvé, parce que vous avez sauvé
    la France,
Parce qu'elle aussi, comme moi, pour vous fut cette chose
    à laquelle on pense,

Parce qu'à l'heure où tout craquait, c'est alors que vous   24
    êtes intervenue,
Parce que vous avez sauvé la France une fois de plus,

Parce qu'il est midi, parce que nous sommes en ce jour
    d'aujourd'hui,
Parce que vous êtes là pour toujours, simplement parce
    que vous êtes Marie, simplement parce que vous
    existez,

Mère de Jésus-Christ, soyez remerciée!   28

Poèmes de guerre, 1922*

This poem, rather surprisingly, first appeared in the *Cahiers vaudois*
(Lausanne), 2ᵉ Cahier de la 2ᵉ Série (1915).

LE CYGNE

I

JOUR D'AUTOMNE

Le signe lent
Du cygne blanc
A fait onduler le vide
Tout l'étang   4
Plein de temps
Se mêle à l'ange liquide

Sous la lance
Du silence   8
Frissonne le lourd miroir
C'est l'ennui
Plein de pluie
De la nuit   12

Qu'exhale ce prêtre noir
Feuille à feuille
Une feuille
Touche la surface morte 16
Œil à œil
L'eau recueille
L'étoile au ciel qui l'exhorte

Cette haleine 20
Née à peine
Sur l'onde où l'oiseau se mire
Cette touche
Sur la bouche 24
D'une bouche qui expire

C'est un rêve
Qui s'achève
Une larme dans un soupir 28
C'est le pli
Qu'on oublie
D'une vie qui va finir.

*Poésies diverses**

This poem is dated New York, June 28, 1932. It first appeared in *La Revue de Paris*, July 15, 1935.

PAYSAGE FRANÇAIS

La rivière sans se dépêcher
Arrive au fond de la vallée

Assez large pour qu'un pont
La traverse d'un seul bond 4

Le clocher par-dessus la ville
Annonce une heure tranquille

Le dîner sera bientôt prêt
Tout le monde l'attend, au frais, 8

On entend les gens qui causent
Les jardins sont pleins de roses

Le rose propage et propose
L'ombre rouge à l'ombre rose   *12*

La campagne fait le pain
La colline fait le vin

C'est une sainte besogne
Le vin, c'est le vin de Bourgogne !   *16*

Le citoyen fort et farouche
Porte son verre à sa bouche

Mais la poule pousse affairée
Sa poulaille au poulailler   *20*

Tout le monde a fait son devoir
En voilà jusqu'à ce soir.

Le soleil dit :
Il est midi.   *24*

*Poésies diverses**

This poem apparently was not published before it appeared in Claudel's
Œuvres complètes II, 1952.

(20) poulaille—brood

Lightning Source UK Ltd.
Milton Keynes UK
UKHW012359200722
406167UK00001B/289